军事科普入门书系

特战知识百科

（图解导读版）

▸▸▸

《深度文化》编委会　编著

清华大学出版社

北京

内容简介

本书是介绍特战知识的科普图书，本书以问答的形式介绍了特战的历史演变、主要形式、人员选拔、编制架构、指挥体制、武器装备、重要技能、典型战术等内容，循序渐进地讲解了特战的相关知识。除了介绍特战外，还对与之相关的知识体系，如常规作战中的特殊作战行动、游击战、侦察兵、间谍等内容进行了详细的分析与说明，从而提升读者对特战的认知度。本书结构清晰，分章合理，排列有序，主次分明，各个专业水平的军迷均能从中获益。

本书适合各大军迷、安防人员、历史研究学者以及对特战策略感兴趣的读者阅读，同时也适合各大安防培训机构作为参考图书或阅读资料。

图书在版编目（CIP）数据

特战知识百科：图解导读版 /《深度文化》编委会编著 .—北京：清华大学出版社，2024.7
（我的第一本科普入门书系列）

ISBN 978-7-302-66405-5

Ⅰ．①特… Ⅱ．①深… Ⅲ．①特种部队—世界—青少年读物 Ⅳ．① E156-49

中国国家版本馆 CIP 数据核字（2024）第 112168 号

责任编辑：李玉萍
封面设计：王晓武
责任校对：张彦彬
责任印制：宋 林

出版发行：清华大学出版社

网　　　址：https://www.tup.com.cn，https://www.wqxuetang.com
地　　　址：北京清华大学学研大厦 A 座　　　　邮　　编：100084
社 总 机：010-83470000　　　　　　　　　　邮　　购：010-62786544
投稿与读者服务：010-62776969，c-service@tup.tsinghua.edu.cn
质 量 反 馈：010-62772015，zhiliang@tup.tsinghua.edu.cn

印 装 者：北京嘉实印刷有限公司
经　　销：全国新华书店
开　　本：146mm×210mm　　　印　　张：6.875　　　字　　数：264 千字
版　　次：2024 年 7 月第 1 版　　　　　　　　印　　次：2024 年 7 月第 1 次印刷
定　　价：49.80 元

产品编号：096049-01

前　言

　　特战是由特别训练、装备和编制的部队执行的高价值、高收益的军事任务。特战可以是一种独立的作战行动或方式，也可以对常规作战进行支援。

　　通过特种手段获胜的作战行动自古就有，但现代意义上的特种作战（以下简称"特战"）则是在第二次世界大战（以下简称"二战"）中产生、发展和逐步完善起来的全新作战方式。二战以来，特战部队日益成为"全天候、袖珍型"特殊力量，其地位作用已从昔日战术、战役层次，迅猛跃升至战略层次，成为"撬动联合作战"的重要战略杠杆。

目前，许多国家对特战部队情有独钟，认为在当今多极世界，特种部队是执行国家安全战略的理想工具。尤其重视特战部队凭借领先的投送能力，能迅速实施出其不意的超远程打击，可靠摧毁其他打击手段难以摧毁的固定和机动目标。

本书是介绍特战的科普图书，书中有120余个精心挑选的热点问题，从历史、人员、技能、战术等多个角度切入，对特战进行了全方位的解读与说明。全书文字通俗易懂，并加入了大量示意图、实物图，可以满足各个阶层的科普爱好者的阅读需求。通过阅读本书，读者会对特战有一个全新的认识。

本书由《深度文化》编委会编著，参与编写的人员有丁念阳、阳晓瑜、陈利华、高丽秋、龚川、何海涛、贺强、胡姝婷、黄启华、黎安芝、黎琪、黎绍文、卢刚、罗于华等。对于广大资深科普爱好者，以及有意了解特战知识的青少年来说，本书是极有价值的科普读物。希望读者朋友们能够通过阅读本书，循序渐进地提高自己的科普素养。由于编者知识有限，加之出版时间仓促，书中难免会有疏漏或不足之处，恳请专家和读者在阅读过程中多提宝贵意见，以便我们后期改正。

目 录

第3章 装备篇 ························· 69

⚓ 第4章　技能篇 …………………………121

第5章 战术篇 ·······························165

参考文献 ·······························210

第1章
基 础 篇

特战是指国家在平时和战时，为了达到特定的战略及战役目的，领导和指挥专门组建的特种部队或根据任务的需要临时编组的精锐部队，以特殊的方式和手段实施的作战行动。其行动具有目的特殊、计划周密、方式独特、手段多样、隐蔽突然、速战速决等特点。本章主要就特战的定义、历史、作用、形式、未来发展趋势等基本问题进行解答。

→ 概 述

在中国古代的战争中，特战并不鲜见，历朝历代几乎都有身负特战任务的精锐部队，如唐代的玄甲军。这是唐朝初年的一支精锐骑兵部队，选拔和训练标准非常严格，装备也比较精良。玄甲军的前身是唐高祖李渊为了防守突厥，在边境组织的几支规模较小的骑兵部队，唐太宗李世民从小就骑马打仗，之后又跟随父亲南征北战，所以十分喜欢这种轻骑部队。之后这支部队不断扩建，成为李世民的心腹，是李世民攻打敌人时的利刃。

与玄甲军相似的部队还有战国时期的铁鹰锐士、东汉的陷阵营、东晋的北府兵、隋朝的燕云十八骑、南宋的背嵬军、元代的怯薛军等。这些部队里的每一位战士都英勇无比，光他们的名字就会令敌人闻风丧胆。

现代意义上的特战起源于第二次世界大战（以下简称"二战"）时期，当时英国为了袭扰占领法国及欧洲的德军，组建了哥曼德部队。事实上，这支部队的组建只是英法军队在敦刻尔克大撤退（1940 年 6 月 4 日）后采取的无奈之举。正是这一举措造就了其后在各次战争中都发挥了重要作用的特种部队这一新型兵种，也拉开了现代特战的序幕。

哥曼德部队标志

二战时期，在战斗激烈的欧洲战场上，英军节节败退，1940 年 6 月 4 日实施了震惊世界的战略大撤退，即敦刻尔克大撤退。当日，33.8 万英法军队溃不成军地横渡英吉利海峡，从法国的敦刻尔克撤回到英国本土。

英国首相丘吉尔对英军的失败痛心不已。为了重振英军士气和防止德军攻击英国本土占领英国，丘吉尔认为只有一个办法，那就是反攻。为此，他要求英国军队制订反攻欧洲大陆的作战计划，并对德国占领区发动积极而连续的反攻。在这次大撤退中，英军陆军遭受重创，所有重装备几乎损失殆尽，空军、海军也溃不成军，仅剩下一些未受损失的海军舰艇和 59 个残存下来的空军飞行队，所以，此时讨论反攻欧洲大陆并不现实。

与此同时，中东及非洲的英军也遭到了德军的猛烈进攻，强烈需要英国本土军队给予支援，因此，这一时期英军根本无暇考虑如何越过英吉利海峡攻击被德军占领的法国西海岸，更无暇考虑攻击处于德军影响下的丹麦至挪威北部一带的海岸线，所以，丘吉尔所谓的"反攻欧洲大陆"的计划几乎是不切实际的。

然而，此时却有一个人为丘吉尔的计划立了大功，这个人就是当时担任英国陆军参谋长的副官克拉克中校。此人深知在当时的情况下，英军是不可能对欧洲大陆实施大规模的反攻作战，只有以小规模的非正规部队偷袭挪威西海岸至法国西海岸的德军阵地及其占领的城市，并以此种连续不断的袭扰行动为今后大部队的反攻大陆打下基础。

基于上述考虑，他在丘吉尔向军方提出反攻要求的前一天（6月5日），即向陆军参谋长提出了这一建议，不久便得到了批准。

丘吉尔要求克拉克的袭击部队：不能成建制地抽调本土防卫部队，而且要尽可能少带武器，其他则由克拉克自行决定。丘吉尔还建议，该部队称为"奇袭部队"或者"豹部队"。队员可编1万人，从现有的陆军和海军陆战队中挑选，武器主要为冲锋枪和手榴弹，必要时可使用摩托车和装甲车。

当德军对英本土进攻时，必须同时身负在海岸线迅速对付德军进攻的任务。虽然在部队人员的来源问题上，英军高层还有不同意见，但因其执行的是非正规作战，所以军方最后还是同意了丘吉尔的意见，决定挑选人员正式组建这支新部队，起名"哥曼德"。

哥曼德部队最初组建有10支部队，每支部队有两个小队。每个小队的成员都是血气方刚、英勇无畏的小伙子，因

哥曼德部队纪念碑

此其一组建就充满了活力。哥曼德部队组建后即对德军占领的欧洲西海岸的德军实施了一系列袭击和破坏行动，不仅极大地鼓舞了英军的士气，而且对德军造成了一定的威胁。正是在克拉克的建议下，英国正式组建了第一支特种部队，因此也可以说，克拉克是现代英国或世界"特种部队之父"。

随着英国第一支特种部队的建立，世界各主要国家如美国、法国、德国、苏联等也先后以英军的模式组建了执行各种特殊任务的特种部队。二战时期，英、美、法和苏联等国家从作战部队临时挑选或招募优秀官兵组成小规模突击队形式的特种部队，对德军实施侦察、破坏、袭扰、绑架和暗杀活动，战果显著。

二战后，美国陆军于1950年、西班牙陆军于1956年、英国陆军于1959年又相继组建了各种形式的特种部队，并在其后的局部战争和武装冲突中发挥了重要的作用。越南战争结束后，特别是自20世纪80年代后，世界各国的特种部队得到了进一步发展。各国特种部队的武器装备，也日趋先进和向专业化方向发展。特别是在美国军队中，特种部队发展迅速、规模庞大，多支特种部队都拥有海、陆、空三栖作战能力。同时，美军还组建了统一领导和指挥不同军种特种部队的特战司令部。

→ 特战和常规作战中的特殊作战行动有何区别

在常规部队执行的作战任务中，既有正规战，也有非正规战。也就是说，在不同层次、不同级别的常规作战中，都有一些特殊的作战行动，如侦察、袭击、伏击、夺控（对纵深重要目标进行夺取和短时扼守控制）等。这些行动，通常由常规作战部队的侦察分队或临时编组的袭击分队实施。

可以说，特战在很大程度上源于过去常规作战中的特殊作战行动。但是，当专门编组的特种部队实施特战后，特战和常规作战中的特殊作战行动就有了明显的区别，其中最主要的就是作战的目的和任务不同。常规作战中的特殊作战行动的目的在于配合常规作战，任务是直接为某次战役或战斗服务。而特战有时可能配合常规作战，有时并不配合常规作战，而是直接为国家某些政治、经济目的服务。在配合常规作战时，通常身负常规作战部队不宜或难以完成的特殊任务。

总的来说，虽然特战
力量是部队中精锐的集合
体，运用的领域越来越广，
发挥的作用也越来越大。
但是，就其作用而言，仍
是配合正面战场，不可能
完全代替常规作战，尽管
在某些情况下也可能成为
主要作战行动，但与常规
作战相比，始终处于补充、
配合地位。

训练中的爱沙尼亚特种兵

依靠运输直升机和特战艇进行快速部署的特种部队

特战与游击战有何关联

特战与游击战这两种看似毫不相干的战法其实有着极深的渊源。特
战与游击战都属于非正规作战，同样强调机动灵活与隐蔽突然。二战以

后，特战因为其灵活性与可控性，成为军事强国对付弱小国家进行游击战的有效工具，特战与游击战之间随即开始了跨越世纪的"激烈对决"。20世纪90年代以后，特战在信息技术的支持之下有了新的发展，但是特战与游击战之间的对抗并没有因为特种部队的"技术优势"而终结，在"高技术"特战的压迫之下，游击战仍然顽强存在，并继续深刻影响着世界安全局势。

现代特战是在二战的战火中诞生的，而英国军队是现代特战的先驱。英国之所以会首先建立并使用特种部队，很大程度上是因为受到了布尔战争的影响。1899年至1902年的第二次布尔战争时期，英国自恃军事实力强大，企图迅速扑灭布尔人的反抗，但残酷的现实却让英国人始料不及。面对英国军队的强大攻势，骁勇剽悍的布尔族人以小规模的游击队进行灵活而广泛的袭击，使英帝国25万正规军有力使不出，并最终以损失近10万人的代价输掉战争。英国人对游击战的深刻印象促使英军在敦刻尔克大撤退后，建立了一支类似布尔人游击队的突击部队——哥曼德部队。英国这支特殊的突击队很快就给德国军队带来很大的麻烦，甚至使德国的核武器研制计划"夭折"。

正在进行射击训练的海军陆战队突袭兵团士兵

美国和苏联的特种部队建立的理论与实践基础则是本国的游击战。早在1861年至1865年的美国内战期间，美国南方部队就首先建立了由得克萨斯州和弗吉尼亚州的志愿军组成的游击队，广泛用于袭击北方的交通线。南方军队中的莫斯比中校率领的一个特种游击营，仅在1864年就以损失20人的微小代价歼敌1200人，俘获数百匹马和其他牲畜。很快，北方部队看到了游击作战的威力，便也开始组建与使用敌后游击队。南北双方进行的游击作战，就是美国现代特战的前身。

很多苏联和俄罗斯的军事专家都认为，苏联的特战同样是在游击战的基础上发展起来的。1618 年至 1648 年的"三十年战争"和 1700 年至 1721 年的"北方战争"中，俄国骑兵就进行了以破坏后勤基地为主要任务的游击作战，而且俄国的游击队还大大加速了拿破仑军队的失败。一般情况下，人们在谈及拿破仑入侵俄国战争的失败时，往往过多地关注寒冷的天气。而事实上，拿破仑在俄国遇到的可怕敌人，除了严寒，还有俄军无处不在的游击队。从沙俄时期一直到二战，俄国（苏联）的敌后作战都是以游击战的模式进行的，直到 1951 年以后，苏军的游击作战才从部队编制、指挥体制、作战方式和武器装备等发展为现代意义上的特战。

其他国家的特战虽然形成时间各不相同，特战部队建设方向有别，但是都依稀看到游击战的影子。正是现代特战"骨子"里深藏的游击战"基因"，才使得两种作战方式具有很大的相似性。

正在进行巷战训练的俄罗斯国家近卫军第 604 特别用途中心的士兵

→ 特战与游击战相比有何优势

与游击战相比，特战具有较大优势，具体为以下三个方面。

（1）武器装备的绝对优势。现代特种部队一般都拥有先进的直升机提供机动平台、各种传感器和光学观测系统提供战场情报、从头到脚的全套防护装备提供保护、强大的精确火力提供支撑。此外，特种部队还有无人机和机器人提供战斗保障。反观游击队，一般只配备冲锋枪和火箭筒等轻型武器，装备上处于绝对劣势。

乘坐直升机赶赴作战区域的特种兵

（2）巨大的人员素质优势。特种部队的成员都是百里挑一的优秀士兵，并接受了全面专业的作战技能训练。而游击队的人员很多都是放下农具的农民或者是城市平民，他们一般只接受一些简单的军事训练，而且训练条件与训练时间有限，大多数人最多算得上是"准军事人员"。

正在进行空降作战训练的士兵

（3）巨大的后勤装备保障优势。特种部队作为各国军队中的精锐部队，在战争中基本要什么有什么，除了传统的装备与后勤物资，包括机器人在内的各种最新研发的装备也会送到特种部队手中。而游击队则受到严密封锁，很难得到威力巨大的武器和充足的保障物资，只能凭借简陋装备和少得可怜的作战物资坚持战斗。

当然，游击战与特战相比，也有很多天然的优势，而这些优势，可能连最强大的特种部队也无法具备。游击队拥有强大的战斗精神，游击战与高技术特战相比也更加"经济"。任何战争都是国家综合实力的对决，特战与游击战的"非对称"对抗也是如此。特种部队强大的高技术手段只是这些实力因素中的一个，无法替代其他因素发挥作用。

反恐行动为何成为特战的重点

恐怖主义兴起于 20 世纪 60 年代末，盛行于 20 世纪 70 年代，猖獗于 20 世纪 80 年代后期，美国总统约翰·肯尼迪被刺身亡是当代历史上典型的恐怖事件。有人把这股恐怖主义狂潮称为"20 世纪的政治瘟疫"，也有人把它和政治腐败、环境污染并称为 21 世纪人类面临的三大威胁。

二战结束之后直到 20 世纪 60 年代末，恐怖主义的活动热点是在殖民地、附属国或刚独立的民族国家，这一时期的恐怖事件明显增多。20 世纪 70 年代以后，恐怖主义组织已经形成一个较为松散的国际网络。据有关专门研究国际恐怖活动的机构统计，1970 年到 1979 年，因恐怖活动而丧命的人数多达 4000 人，年均 400 余人。

20 世纪 80 年代，全世界共发生了近 4000 起恐怖活动，比 20 世纪 70 年代增长了 30%，死亡人数则翻了一番。仅 1988 年国际上的恐怖活动就发生了 856 起，死亡人数多达 660 人，其中民族矛盾比较复杂的中东地区共发生 313 起，占全世界恐怖活动的 36%，是恐怖活动的多发地区。

20 世纪 90 年代以后，恐怖活动有了明显的变化，老的恐怖组织开始逐步退出历史舞台，新的恐怖组织开始出现。从联合国发表的一份关于"全球恐怖活动状况"的报告中获悉，1997 年全球恐怖活动再次增多，高达 560 起，死亡 420 人。报告称："国际恐怖主义活动中死亡的人数增加了。因为恐怖活动日趋残酷地袭击无辜平民并使用爆炸力更大的炸药或炸弹。"与此同时，报告强调："恐怖行为更具隐蔽性和杀伤性。"事件发生后，再也没有人像过去那样站出来声称对事件负责。这是 20 世纪 90 年代国际恐怖主义一个最为显著的特点，因为他们发现保持神秘也是一种武器，其恐怖作用高于以往的声张。

　　时至今日，恐怖主义活动已从西欧、中东、拉美三大热点地区向全球各国家和地区蔓延，已有100多个国家不同程度地受其危害。恐怖活动的手段也由传统的绑架、劫持人质与暗杀等发展到爆炸、袭击、劫持以及生化武器和网络恐怖主义等。此外，当前恐怖主义的活动策略也在不断变化，手法越来越野蛮、残暴。

　　恐怖主义威胁着全人类的安全，其主要危害有：影响周边国家的安全；严重破坏了各国的民族和睦，引发社会动荡；极大地阻碍了各国的经济发展和社会进步；影响一些国家的政府形象，造成政局动荡、社会不安；破坏世界的和平与发展等。

巴西里约热内卢宪兵特别警察行动营进行反恐演练

　　与黑社会相比，恐怖主义对国家、社会的危害要大得多，它不仅有组织、有制度，而且带有政治目的，导致了其极端与疯狂。再加上恐怖主义的存在与民族、宗教矛盾以及复杂的国际形势密不可分，这也注定了反恐斗争的复杂与艰巨。为此，许多国家纷纷采取对策，先后颁布了反恐的法令，建立了专司反恐的特种部队，并加强了国际间的合作。

爱尔兰陆军游骑兵联队进行海上反恐训练

→ 特种部队执行反海盗任务有何优势

海盗是指在海上与沿海抢劫商船与城镇的强盗,和陆地上活动的土匪性质一样,这是一个相当古老的行当,自有船只航行以来,就有海盗的存在。特别是航海发达的 16 世纪之后,只要是商业发达的沿海地带,就有海盗出没。

20 世纪下半叶,随着现代化海上武装力量及各国海岸警备体系的发展与完善,海盗的数量大幅减少。但是,在部分繁忙水道和海域(例如,非洲的亚丁湾海域),海盗活动与海上武装劫持事件仍时有发生。国际海事局发布的《海盗及海上武装劫船报告(2020)》显示,进入 21 世纪后,平均每年发生的海盗事件依然高达百余起。

为保障国际航运、海上贸易和人员安全,2008 年 6 月,联合国安理会通过第 1816 号决议,并授权外国军队经索马里政府同意后进入索马里领海打击海盗及海上武装抢劫活动。之后,包括中国、美国、俄罗斯、印度在内的多个国家和地区积极响应该决议,先后派出武装舰艇编队执行护航巡逻任务。不过,各国海军战舰独立作战难以对付海盗"狼群"战术。因此,部分国家开始尝试派遣特种部队执行反海盗任务。2008 年 4 月和 9 月,法国海军突击队曾先后两次发动突袭,分别营救出被索马里海盗劫持的 30 名人质和 2 名人质。法国海军突击队还总结出了一条经验:在与索马里海盗交手时,心理战术比真枪实弹更重要,因为多数索马里海盗并不愿意与训练有素的特种部队交手。

在打击海盗行动中,特种部队可以通过直升机进行空降,从而以最快的速度接近并制止海盗的活动。同样地,在追击海盗方面,特种部队也可以有效地对海盗船和民用船舶进行甄别,

乘坐小艇的索马里海盗

避免军舰开火容易造成的误伤情况。再者，联合国已通过相关决议，授权各国对非洲国家沿岸的海盗基地进行陆地和空中打击。而在打击海盗陆上据点和设施方面，通过直升机投放的特种部队无疑是最好的作战力量。另外，在解救人质和搜寻藏匿海盗等行动上，特种部队的独特作用也是显而易见的。

正在进行反海盗训练的海军特种兵

→ 直接行动的基本定义是什么

直接行动（direct action，DA），是特种部队的主要任务类型之一。美国国防部的定义如下："以特战的形式在敌对、不受国际承认或者政治敏感区域所进行的短时间突袭或其他小规模攻势，以及利用专业军事力量进行抓捕、摧毁、占领、开拓、恢复或破坏特定目标。直接行动与传统的攻击行动不同之处在于为达成具体任务目标所面临的战场及政治风险层级，可调用的资源，以及参与行动的部队的种类和使用上的精确程度的区别。"

值得注意的是，除了一般理解上特种部队所执行的"敌后任务"，在当前反恐战争"任何区域都可以成为战场"的背景下，特种部队执行小规模正面进攻行动早已屡见不鲜，这一部分的作战也应当算作"直接行动"。

"直接行动"被美国及其盟友视作一项基本的特战形式。有些特战单位是专精于"直接行动"的，如美国陆军第 75 游骑兵团。而其他单位，例如，美国陆军"绿色贝雷帽"特种部队，虽然具有直接行动能力，但是更擅长于其他任务类型，如"非常规战争"（unconventional warfare，UW）、"特种侦察"（special reconnaissance，SR）等。当然，这三种任务类型在数十年的实践中，早已融入各个特种部队的基本技能当中。例如，美国陆军"绿色贝雷帽"特种部队在发展之初是为了执行"非常规战争"任务，随后慢慢发展出了其他任务。而美国海军"海豹"突击队、英国陆军特种空勤团、英国海军特种舟艇团从始至终一直扮演着"直接行动"和"特种侦察"的角色，但为了应对与日俱增的现代战场威胁，也增加了应对的能力。另外，俄罗斯的"信号旗"特种部队也混编有"直接行动"和"特种侦察"单位。

俄罗斯"信号旗"特种部队士兵

美国陆军第75游骑兵团士兵

→ 特种侦察任务的基本内容是什么

　　"特种侦察"也被称作"战略侦察"，是指由受过高度训练的军事人员（一般是特战单位或者军事情报部门人员）所进行的深入敌后的，且在不被敌人发觉并竭力避免交火情况下的侦察行动，较为典型的有美国海军陆战队远征军直属侦察兵的"深入侦察"任务，也被称作"绿区任务"（与此对应的是"黑区任务"，也就是"直接行动"），甚至有"枪声一响即视为任务失败"的说法。

　　"特种侦察"与一般的由特种部队执行的特战任务有明显的区别，但一般情况下二者的执行者却又是一样的。除了一般的"人肉侦察"，"特种侦察"经常包含隐蔽在敌军防线后方进行空地打击引导，放置辅助的远程侦察设备，以及为其他特种部队的后续行动铺路。具有"特种侦察"能力的单位一般也具有"直接行动"和"非常规战争"能力。

正在进行特种侦察训练的特种部队

美国前国防部部长威廉·佩里将"特种侦察"视作一种关键的特战

第
1
章

能力，并大概指出了"特种侦察"所包含的基本内容：环境侦察，目标获取，定位，区域风险评估，火力打击后评估，远程侦察设备矫正或者为人工情报侦察与电子侦察行动提供支持。

在国际法中，只要"特种侦察"执行人员身着己方的服装，无论其组成人员实际性质如何，都不能被视作间谍人员，这一点在 1907 年的海牙公约和 1949 年的日内瓦第四公约中均有体现。

执行"特种侦察"任务的特种部队基本都具有多种能力，所以"特种侦察"任务可能会为其他即时任务（例如，"直接行动""外国防务援助""非常规战争"等）提供支持。在某些时候，"特种侦察"要做的是确定目标位置并对攻击这一目标进行计划、引导和评估。同时，如果有单位（或者"特种侦察"单位本身）引导了空地打击，"特种侦察"单位将视自身是否在场来决定评估与否。

正在执行特种侦察任务的特种兵

美军特种部队的非常规战争是否合法

"非常规战争"是美军特种部队的主要任务之一，指美军特种部队作为外国势力对目标国家的暴乱势力或抵抗力量进行支持，以达到对抗目标国家政府或当权势力的作战（也可以是特定区域的主导势力）。不同于传统作战通过直接的进攻来削弱对手的军事力量，"非常规战争"是一种借助目标国家的代理军事力量来取得间接胜利的作战方式。"非常规战争"方经常采取隐秘行动，甚至有些情况下其执行方本身是不被承认的，其作战方式也基本依赖颠覆活动和游击战。

美国官方对"非常规战争"的定义有两种（但不冲突），即"美国的非常规战争意在通过扶植抵抗力量来扩大敌对政权在政治、军事、经济以及国民心理素质上的弱点以达到美国的战略目的"，或根据美国第35任总统约翰·肯尼迪的说法："这是一种全新的作战模式——体现在它的强度上，然而它的作战方式却是十分原始的——通过游击战、颠覆活动、发动叛乱、暗杀，或通过伏击取代正面作战，通过渗透破坏取代公开侵略，用蚕食和消耗的方式来取代直接攻击，最终达到击败敌人的目的。"

执行"非常规战争"任务的美军特战方在深入他国之后，将会训练、武装和指导当地的反政府势力。他们在协助反政府势力的同时，自己也会进行骚扰破坏与颠覆宣传活动。他们的破坏活动一般专注于摧毁军事设施和扰乱对方军事力量的后勤补给体系来打击政府军的士气。

乘坐越野车的特种部队士兵

1965年，联合国大会通过的《关于各国内政不容干涉及其独立与主权之保护宣言》特别强调："任何国家，不论为何理由，均不得直接或间接干涉其他国家的内政、外交；不得使用政治、军事、经济等措施威胁他国，以使其屈服；不得组织、协助、制造、资助、煽动或纵容他国内部颠覆政府的活动；不得干涉另一国的内乱。"1970年10月，联合国大会通过的《关于各国依联合国宪章建立友好关系及合作国际法原则之宣言》重申："各国严格遵守不干涉任何他国事务之义务，为确保各国彼此和睦相处之主要条件"；"任何国家或国家集团均无权以任何理由直接或间接干涉任何其他国家之内政或外交事务。因此，武装干涉及对国家人格或其政治、经济和文化要素之一切其他形式之干预或试图威胁，均系违反国际法"。

　　显然，美军特种部队执行的"非常规战争"任务并不符合国际法的相关规定，其行为无疑是在干涉其他国家的内政。

乘坐特战艇的突击队士兵

➤ 外国防务援助的主要内容是什么

　　外国防务援助（foreign internal defense，FID），是美军特种部队的主要任务之一，是指美军特种部队运用整体的、同步的、多种训练手段的方式在他国培训人员以对抗实际或潜在的暴乱威胁。这些接受 FID 援助的国家一般属于已经被美国介入内部事务的东道国。相比美国使用 FID 作为相关术语，国际上更倾向于使用"反暴动"一词来指代相关内容。

　　FID 行动需要部署特种部队作为指导人员，一般以"间接支援"的方式参与——理论上这些人一般情况下不直接参与对暴动势力的作战。"间接支援"强调东道国安全部队最终必须能够自给自足地独立或协助美军执行各种任务，而这种自给自足主要通过基础设施的援助建设以提升东道国的经济与军事实力来达成。FID 还需要对大量的东道国人员进行培训——一般是由高度训练的特种部队人员对那些先前几乎没有任何训练，甚至是零军事素养的人员进行训练。而在情报和心理战术行动中，双方往往呈现一种互相学习、借鉴的景象。

FID 必须在东道国政府与其安全部队之间进行有效协作，同时辅助其他的外交、信息、情报、作战或经济等力量来进行工作。当有作战任务的时候，一般由东道国的安全部队来执行，在这个过程当中所需的外部援助一般倾向于非战斗性质支援，且大部分过程基本依靠 FID 所提供的训练。

士兵在山区作战

除了"间接支援"之外，FID 在必要时必须进行"直接支援"。因为在面对突发状况时，美军特种部队能够强化联合部队的应急处置能力。同时，如果有美国特种部队的带领和直接协助，东道国安全部队也能够更主动、更有效率地作战。

全副武装的海军陆战队突袭兵团士兵

虽然对于美国来说使用自己的军事力量更有效，但是借助东道国安全部队一方面确实能帮助美军节省人力资源，另一方面当地部队熟悉地形且能与当地居民进行更有效的沟通，且自身也具备有效的情报网，最后防止恐怖主义势力夺取政权也是东道国自身的实际需求，所以借助 FID 来构建美军与东道国安全部队的协作体系的意义不言而喻。当然，即便美军特种部队会直接参与东道国安全部队的行动，二者在行动中的主体地位也会因实际情况（例如，各方当时可调动的人力、物力资源）来确定。

为了与东道国安全部队进行有效协作，FID 必须做好明确行动过程和预防情况变化的准备。单一类型的行动计划一般不可能适用于所有东道国的环境，所以 FID 必须准备多种针对暴动的镇压措施，以便及时填补缺漏甚至是断层。

→ 定点清除任务存在哪些难点

自 2001 年美国发动"反恐战争"以来，美军特战任务主要是对恐怖分子头目进行定点清除，基本有两种形式：一是由特战分队执行任务；二是由远程监控无人机用精确制导手段进行定点清除。

从水上渗透的士兵

使用特战分队执行定点清除任务的主要问题是保障难度大、战场情况变化快，可能导致特战人员面临无法预测的风险。

此类特战的成功范例是美军海军"海豹"突击队实施的"海

正在跳伞的特种部队士兵

神之矛"行动，24名"海豹"突击队士兵远程奔袭，战斗从打响到结束仅用40分钟，成功击毙本·拉登并携带尸体撤离。这样的成功依赖国家级通信、情报、基地等相关资源的超常保障，"卡尔·文森"号航母编队还在附近海域负责接应。即使这样，仍有一架价值5000万美元的"黑鹰"直升机意外坠毁。

但类似作战行动，失败的案例也不少。2017年10月，美国陆军"绿色贝雷帽"特种部队的"瓦拉姆"小队，在马里和尼日尔交界地区对极端分子执行抓捕行动时，遭到恐怖分子伏击，造成"绿色贝雷帽"特种部队4人死亡、2人受伤。此次行动被认为是索马里"黑鹰坠落"事件后，美军特种部队在非洲遭遇的最惨重损失。行动失利的原因在于情报不准、计划不周、增援力量无法及时赶到以及保障手段不到位等。

"反恐战争"期间，美军多次采用远程遥控无人机对恐怖头目进行定点清除。在伊拉克，美军使用无人机截获基地组织地区最高首领扎卡维的手机信号，成功对扎卡维实行"斩首"。在阿富汗边境，美军使用无人机成功击毙基地组织二号人物拉赫曼。

联合特战具有哪些特点

联合特战，是指为了达成特定的作战目的，由各军兵种特战部队（分队）组成联合特战力量，在联合战役指挥机构或上级指定的机构的统一指挥下，在其他作战部队的支援配合下，与敌人纵深（后方）展开的非正规作战行动。较之以往的特战，这种作战行动具有以下几个鲜明特点。

（1）作战行动事关全局。信息化条件下的联合特战，由于受整个战争目的和规模有限的制约等，其打击目标虽然不是对方的重兵集团和战略要地，但通常会有牵一发而动全身的重要影响。因为联合特战通常是在战略、战役主要方向上的敌后纵深地区和关键时节组织实施，打击目标通常是战役乃至战略要害目标，其作战行动直接影响着战役和战争的全局。因而，其作战规模虽然不会很大，但影响往往事关战略和战役全局。

（2）执行任务广泛多样。特战部队是为完成特殊任务而建立的。

在兵员选拔标准上原本就十分严格，例如，美军特种部队成员的淘汰率高达50%，海军的"海豹"突击队队员淘汰率更是高达70%。因而，特种部队虽然人员不多，但由于训练有素、装备精良，战斗力很强，所以可以执行十分广泛的任务。一般来说，联合特战既可能是地面作战，也可能是空中和海上作战；既可能是正面作战，也可能是敌后作战；既可能是国内作战，也可能是出国作战；既可能是袭击、破坏敌要害目标，也可能是牵制、迟滞敌重兵集团，还可能身负诸如营救和保障等多种任务。

（3）作战决策层次很高。联合特战，由于作战行动和作战任务直接影响到战役乃至战略全局，因此组织实施时，往往会从战争全局的高度来统一组织和实施，通常被称为"战略级的决策、战役级的指挥、战术级的行动"。联合特战行动通常由军队统帅机关进行周密筹划，也可由统帅机关授权战区指挥员筹划，向统帅部负责。在海湾战争中，美军特种部队的行动就由联军总司令施瓦茨科普夫亲自筹划，得到国防部批准后，再展开行动。此外，联合特战行动通常由多军种特战力量组成，作战空间广阔，军种之间指挥协调复杂，必然需要更高的指挥机关来进行指挥和协调。

训练有素的士兵

特种部队士兵操作车载机枪

→ 特战的指挥方式有何特点

特战尽管动用兵力小，但任务特殊、牵一发而动全局，通常实施战略级决策、战役级指挥，其具有以下特点。

（1）指挥层级高。通常由统帅部或战区最高指挥官亲自决策部署。例如阿富汗战争中，美国国防部要求特种部队作战行动须报经总统审批，并由美国特战司令部司令霍兰空军上将以总统执行官身份，负责具体指挥事宜。俄罗斯格鲁吉亚战争中，俄军特种部队行动由俄罗斯总统、总理亲自决策、把握进程，全程督导。

（2）指挥层次少。尽可能压缩指挥层次，实施扁平化指挥。例如，在伊拉克战争中，美国中央司令部所属的特战司令部通过设在卡塔尔的特战前线指挥中心，直接指挥各特种分队行动，并明确特种分队在获取重大敏感情况后可越级上报中央司令部。美军在战争检讨报告中还提出，特战"应减少指挥层次，建立扁平、灵敏、高效的网状指挥系统"。俄罗斯格鲁吉亚战争中，俄罗斯陆军总司令博尔德列夫大将坐镇前线联合作战司令部，直接指挥特种部队重大行动，使指挥层次高度精减，作战指挥高效运转。

使用车载电话与指挥部通信的陆军特种兵

配备单兵电台的陆军特种兵

（3）指挥效率高。美军特种部队依靠先进的卫星通信系统和战术指挥网络，实现了高效的情报传输和通信联络，可实时地将战场影像传送回指挥所并获得行动指令，极大地减少了中间环节，提高了指挥效率。例如，伊拉克战争中，美军以"火力衔接、远近结合、空地协同"为指导原则，用空中和远程地面火力紧密配合特种部队作战行动，将 OODA（观察—判断—决策—执行）周期从海湾战争的 2 小时、科索沃战争的 40 分钟，缩短至 6 分钟，基本达成了"发现即摧毁"的效果。

如何区分特种部队与常规部队

要分辨一支部队是特种部队还是常规部队，首先需要观察的自然是士兵身着的作战服。由于作战环境与作战方式的不同，特种兵通常身着特殊作战服。以美军为例，"海豹"突击队是一支精锐的特种部队，而其主要识别特征便是其穿戴的 AOR1 迷彩作战服。一般来说，身着特殊作战服的部队都是军队的精锐，而且通过士兵身上作战服的款式、迷彩种类等信息，外界人士也很容易判断出士兵所属的部队。

美国陆军第 1 步兵师士兵

虽然常规部队士兵并没有机会身着特种部队所穿着的特殊迷彩作战服（例如，美军 AOR1、AOR2、MultiCam 等），但在很多情况下，特种部队需要与常规部队一同执行任务，在这种情况下，为了防止出

身穿迷彩作战服、头戴奔尼帽的士兵

现衣着不同导致过于暴露的情况，特种兵也会使用常规部队所配发的作战服。而且，现代战争中很多特种部队会因任务性质不同进行协同作战，在这种情况下，士兵的衣着也会趋于一致。

与服装一样，多数特种部队都有权随意选择自己的武器，很多王牌特种部队更是有令人羡慕不已的待遇。在这种情况下，外界人士能够通过士兵所持武器及其使用的携行装具大致判断士兵所属的部队。不过，随着现代军队武器装备的不断发展，很多常规部队的武器装备也不逊于特种部队的武器装备，因此，通过武器和携行装具判断士兵所属部队的难度也在日渐增大。

在外军尤其是美军中，臂章作为一种身份标识已经屡见不鲜，不同部队的士兵会佩戴不同的臂章，而各个部队也都有属于自己的独一无二的标识。在执行任务时，混编在一起的各部队士兵或许会使用一样的作战服和武器，但其所佩戴的臂章是不同的。因此，通过士兵佩戴的臂章来判断士兵的所属部队相当简单而且准确度很高。

→ 特警部队与军方特种部队有何不同

警方等执法机关的特战单位在组建之初往往借鉴军方特种部队的经验，因此在技术、战术、装备、编制和训练方式等方面都与军方特种部队极为相似，且特警部队的人员通常是由军方特种部队的退役人员组成。

这种混淆不清的状况带来了诸多弊端，因为特警部队与军方特种部队在作战环境和行动目的等方面都存在较大的差异，一味照搬军方特种部队的模式显然行不通。

美国特种武器和战术部队成员

在战场上，武力是解决问题的主要手段和唯一手段，而在执法行动中，武力只是不得已手段和最终手段。军方部队在战场上可以发挥最大火力，对目标进行火力扫荡，而在执法行动中，火力会被严格限制。总的来说，军方特种部队强调的是火力压制和最大杀伤，而执法机关强调的是火力控制和有限杀伤，不以消灭为首要目的。

具体来说，特警部队和军方特种部队的区别主要是以下几点。

（1）战斗环境不同。特警部队的战斗通常发生在市区，人口和建筑物密集，交火距离近。掩蔽物多，对攻防双方造成的障碍都较多。非战斗人员容易误入战斗范围，导致意外杀伤；军方特种部队的战斗多数情况下发生在野外环境，交火距离较远。战斗空间大，能够抵御攻击的掩蔽物少。战斗打响前，当地居民通常都已经疏散。

（2）使用武器不同。特警部队优先使用非杀伤性武器，以小口径轻武器和小动能弹药为主；军方特种部队优先使用高杀伤能力的弹药，武器口径和弹药种类无限制。

（3）行动特点不同。特警部队尽量以低人员伤亡（包括犯罪分子）的方式完成任务；军方特种部队以占领和消灭敌人为目的。

（4）开火程序不同。特警部队开火前需要对目标身份进行准确确认；军方特种部队可以攻击任何敌方军事设施、人员。

（5）任务特点不同。特警部队的任务时间短，精神压力大；军方特种部队的任务时间长，体能要求高。

（6）行动目的不同。特警部队以击毙或抓捕犯罪分子、营救人质为目的，罪犯逃离或人质死亡，任务即失败；军方特种部队以实现战略意图为目的，战斗的目的不一定是全歼敌人。

美国海军"海豹"突击队士兵

→ 特种部队未来的发展趋势

　　现代战争是高烈度的信息化战争，特战归根结底是体系间的对抗。在各国近年来的军事改革中，特种部队都是要被改革的重要对象之一。未来，特种部队的地位会再次上升，将更具信息化战争的特点，作战效率更加高效，作战维度也将逐渐拓展。具体来说，特种部队未来的发展趋势主要有以下四点。

　　（1）完善体系力量，精简指挥机构。现代战争是联合化战争，特种部队离不开体系的支撑，建立特战力量的统一领导指挥机构，加强支援型作战部队的建设是必然趋势。特种部队需要专门的后勤、运输、支援、情报等力量支持，这些作战部队又要由统一的指挥机构领导，从而应对作战行动中可能出现的各种突发状况。

（2）装备、人员更加专业化。现代战争离不开高科技的支撑，小到信息化高度集成的单兵装备，大到上天入海的特种部队运输装备，以及一些间谍设备、智能武器、非常规武器等。相对装备，人员也需要高度专业化，要具备丰厚的科学文化素养，可驾驭各种先进装备，同时还要具备职业化的军事素养，执行高强度的作战任务。

训练中的澳大利亚陆军士兵

（3）作战维度逐渐拓展。现代战争不再仅限于海、陆、空三个传统维度，网络、电磁、太空的斗争愈加重要。各个军事强国都组建了专业的网络战部队，以在战时瘫痪敌军的作战网络。在太空，一些国家也在开展着反卫

全副武装的美国海军"海豹"突击队士兵

星技术的研发，试图在战时对敌军卫星进行精准摧毁。未来的特种兵，并不一定是具备过硬的军事素质的特战队员，可能是计算机网络高手，也可能是经过特殊训练的宇航员。

（4）战略地位更加突出，运用更加普遍。外媒曾将特战力量划分为独立于核力量、常规力量的第三种作战力量，许多国家都将特战部队列为国家战略力量。特战的手段特殊、目标级别高，往往能以较小的代价取得整场战役甚至整场战争形势的胜利。尤其是近年来恐怖势力愈加猖狂，特种部队承担着越来越多的反恐任务，他们凭借装备、人员方面的优势，对恐怖势力进行精确、高效的打击。

→ 特种部队能否成为新型战略力量

作为一种重要的作战形式，特战在大规模作战、中小规模武装冲突和非战争军事行动中被广泛运用。为有效应对多元化安全威胁、完成多样化军事任务，世界各国开始将特种部队视为灵活机动、适应性强的新型力量，推动其由传统战役、战术精兵向全方位运用的战略力量转型，主要做法有以下几点。

（1）积极拓展职能使命，努力提升战略地位。随着各种高新技术在军事领域的迅速应用，特战的任务和行动早已突破传统意义的战役、战术范围，向战略层次急剧延伸，成为服务国家政治、外交、军事和经济斗争的重要战略手段，备受各国政府和军队青睐。例如，美国以加强军事合作的名义，向热点地区派出大量特种部队。这些特战人员或作为军事顾问培训所在国家军队，或充当打击手段直接参与作战，或作为战略预置力量常驻危机地区，显示军事存在的同时维护美国战略利益。

（2）着眼任务要求特点，优化领导指挥体制。特种部队执行的任务不仅事关国家重大利益，而且经常涉及国家方针、政策和敏感的问题，因此各国特种部队普遍采用高层决策、集中控制、统一领导的指挥管理方式。其指挥权和使用权一般由国防部和特战司令部掌握，有时甚至由国家领导人直接控制。例如，以色列国防军专门成立总参谋部"纵深作战指挥部"，直接指挥总参谋部侦察营或联合任务部队，并负责召集总参谋部作战部、各军种司令部和"摩萨德"等情报部门，联合制订重大特种侦察和作战行动计划。

澳大利亚士兵在山区作战

（3）适应战略转型需要，强化战略能力建设。随着新军事变革的深入发展，各国特种部队纷纷针对自身特点和任务需求，聚焦战略侦察、战略打击、战略投送三个领域，加快转型步伐，进一步提高执

俄罗斯联邦武装力量特战部队士兵

行战略任务的能力。例如，俄军要求特种部队要在敌情威胁严重的情况下，能够潜入敌方境内实施侦察与打击行动，所以加快了特种部队的装备更新速度。美军特种部队不断强化12小时内"全球到达"能力，研发新型特种投送工具，企图从大气层之外和海上两个方向远程投送特战

力量。英、法、德等国也强调特种部队必须具备"远程、立体、快速"的战略投送能力。

（4）依据实战化标准，从难、从严进行训练。特种部队要在关键时刻发挥"倍增器"和"撒手锏"的作用，必须在平时进行严格的实战化训练，其程度非常残酷。例如，美军依托本宁堡、布雷斯堡等十余个特战训练基地，模拟各种类型作战环境，使特种兵在高强度、高难度、高真实度中经受考验，提高生存能力和作战能力。印度特种部队每年都要在高海拔、高寒地区进行演练。

快速反应部队是不是特种部队

快速反应部队是设计于低强度冲突中能在极短时间内做出武力干涉的战斗部队。美国、俄罗斯、英国和法国等都建立了快速反应部队，尽管名称不一，例如，美国快速反应部队称作"快速部署部队"，法国快速反应部队称作"快速行动部队"，俄罗斯快速反应部队称为"机动部队"。虽然各国的叫法不同，但在领导指挥、部队编成、后勤装备保障及训练等方面存在一些共同点。

快速反应部队的普遍特点是满员率高、战备程度高、作战能力强。原因很简单，快速反应部队是要在第一时间部署的，并且要在最短时间内控制事态，因此，必须拥有超过传统部队的满员率和战备程度。此外，快速反应部队还必须拥有过硬的军事素质和心理素质。快速反应部队往往会遇到兵力规模和装备明显超过自己的对手，如果军事素质不过硬、心理素质不过关，是无法执行艰巨任务的。一句话，能够称为快速反应部队的，一定是精锐之师。

现代战争非常强调联合作战和体系作战，快速反应部队也不例外。单一军种的快速反应部队难以满足未来作战要求，联合作战成为主流。要想让快速反应部队实现有效的联合作战，特别是要突出"快"，必须拥有强大的作战体系。在指挥、通信方面，必须实现一体化。快速反应部队对投送能力要求极高。空运是最快的投送方式，拥有数量很多的大型运输机至关重要。海上运输方面，除了军用运输舰船，民用大型船舶也是重要的快速投送力量。此外，地面的快速投送也很重要，特别是如果在一个国家或地区内部进行快速反应，很多时候需要依靠良好的铁路、公路交通系统。

快速反应部队还需要高效的情报支持。突发事件常常令人猝不及防，

快速反应部队要想快速实施干预，就必须在最短时间内获取事件突发地域的各种准确信息，如地形条件、基础设施条件、对方人员规模和装备情况、所在地区的社情和民情等，这些就需要情报系统快速提供准确的情报。

美国陆军特种部队士兵

美国陆军第 82 空降师士兵登上 C-17 运输机

综上所述，可以看出快速反应部队与特种部队具有很多相同的特点，但是快速反应部队并不因此等同于特种部队。快速反应部队的成员既可以是特种部队，也可以是精锐的常规部队。以美国为例，其快速反应部队经历了一个由少到多，由简单兵种到诸军兵种相配合的发展过程。美

军快速反应部队成立之初只有 3 万余人，主要包括美国陆军第 82 空降师、美国陆军"绿色贝雷帽"特种部队和美国海军陆战队 5 个营。之后，美军快速反应部队的编成迅速扩大，总兵力超过 20 万人，不仅有空降师、机械化步兵师、海军陆战师、特种部队，还有航母特混大队、水面舰艇特混大队、战略轰炸机中队、战术战斗机联队等。美军快速反应部队的一个重要职责，就是紧急支援突发事件地区的美军，以其先进的空运交通工具迅速赶至突发事件地区，实施紧急支援作战。

→ 美国为何设置特战司令部

美国特战司令部（United States Special Operations Command, USSOCOM），是指挥美国陆军、海军、空军和美国海军陆战队所属各特战部队的联合作战司令部。该司令部是美国国防部的组成部分，总部设在美国佛罗里达州坦帕麦克迪尔空军基地。

建立一个联合军种的特战司令部是美国军方对 1980 年"鹰爪行动"（美国政府为解救被扣押的 52 名人质而采取的一次军事行动）的失利进行检讨后的决定。当时退休的美国海军作战部部长詹姆斯·霍洛韦海军上将主持调查，认为指挥和控制以及特战部队之间缺少相互的协调是本次任务失败的主要因素，因此有必要成立一个统一的司令部来协调各部队之间的指挥和合作。1987 年 4 月 16 日，美国特战司令部正式成立，此后参加了美国发起的许多军事行动。

美国特战司令部的主要职责是指挥美军特战部队执行各种秘密任务，如非常规战争、外国防务援助、特种侦察、心理战、直接行动、反恐和扫毒作战。美国特战司令部在战争和非战争领域的整体表现证明其已成为一个成熟的特战单位。美国特战司令部内的每一个分支都有各自独立运作的指挥司令部。当不同的特战部队需要协同完成一项任务时，美国特战司令部就会担任联合指挥机构。

美国特战司令部标志

西方特种部队为何采用北约音标字母

在执行可以发出声音的任务时，特种兵之间或者指挥所与特种兵之间通常都要通过对讲机来进行沟通。不过，美国有各种地方语言或者地方口音，在交流时有可能因为语音或者用语习惯的差异而出现信息交流的错误，最终导致严重的后果。为了避免类似问题的发生，目前美国、英国等西方国家已经普遍采用一种由北约音标字母组成的北约代码来进行交流。

北约音标字母的正式名称为"国际无线电通话拼写字母"，是最常使用的拼写字母。北约音标字母表产生于20世纪50年代，其中A和D的读音取自相应的希腊字母的读音（Alfa和Delta），其他大多数字母采用当时欧洲和美洲流行的事物的名字或者经典姓名来标记（例如，C就读作Charlie）。它在战争时被北约军队普遍使用，取代了当时存在的其他发音字母表。

虽然北约音标字母经常被称作"语音字母"，但是北约音标字母的字母拼法与标音系统（例如，国际音标）的字母拼法并没有关联，北约音标字母是用代码字表示26个拉丁字母（从A到Z）和10个阿拉伯数字（从0到9），例如，Alfa代表A，Bravo代表B。因此，当两名士兵通过无线电或电话收发语音信息时，无论双方的母语是否相同，北约音标字母都能保障他们收发的信息安全、准确，众多字母与数字组成的关键搭配不仅可以准确地朗读，对方也不容易错误理解。

将北约音标字母组合运用到军事等领域进行信息交流就称为北约代码，在北约国家特种部队执行任务的时候，通常都使用北约代码进行交流，例如，指挥官呼叫队员B1和C1，通过对

整装待发的美国陆军"三角洲"特种部队士兵

讲机用北约代码呼叫就是"Bravo One"和"Charlie One"，这样就比直接称呼"B1""C1"更清楚了。

北约音标字母还被运用到特种部队的命名上。在美国，一个机构下辖的各个部队通常不是被分为一队、二队、三队等，而是被分为 A 队、B 队、C 队等，这时，他们通常就被称为"Alfa Team""Bravo Team""Charlie Team"等。例如，美国陆军"三角洲"特种部队，全名为美国陆军第一特种部队 D 分遣队（1st Special Forces Operational Detachment-Delta），因为字母 D 在北约音标字母中读作"Delta"，而 Delta 是"三角洲"的意思，所以这支特种部队又被称为"三角洲"特种部队。

陆军特种部队士兵在夜间作战

第 2 章
兵 员 篇

特战和常规作战的差异较大，特种部队和常规部队自然也存在较大的区别。特种部队具有编制灵活、人员精干、装备精良、机动快速、训练有素、战斗力强等特点，专门执行侦察、渗透、狙击、反恐等非常规作战。本章主要就特战人员的相关问题进行解答。

→ 概 述

特种部队是军队中身负破袭敌方重要的政治、经济、军事目标和执行其他特殊任务的部队。一般由最高军事指挥机关直接指挥和领导，少数国家的特种部队由国防部或军种领导。

只有高质量的人员，才能保障特种部队完成特殊而艰巨的任务。理所当然，特种部队对人员的选拔标准远比常规部队严格。特种部队征召人员时要在思想动机、心理素质、文化程度、身体条件等方面对应征人员进行严格考核。以美军特种部队为例，其队员的大致招募条件是：在陆、海、空军服役 3 年以上，体格健壮并取得空降合格证书的士兵。必须出于"爱国主义动机"。具有高中或大学毕业文化程度，有一定的外语基础。必须敢于冒险、不怕牺牲、勇于承担责任。一经录取，这些人还将在特种部队学院进行正规、严格的培训，时间为半年至 1 年。美军特种部队学院实行定期淘汰制，淘汰率最高达 77%，平均合格率仅为 50%。

以色列特种部队的应征者首先要接受严格的体检、心理测试和背景调查。在入伍后的一周，部队还要对其入伍动机、个人爱好、有何特长等进行考察。新兵能够通过这一阶段考核的比例为 10% ～ 20%。此后，这些通过初步考核的人将接受 20 ～ 24 个月的基础训练和特种训练，最后再经考试合格后方可在特种部队服役。

法国国家宪兵特勤队的队员从法国宪兵中选拔，大部分队员是训练有素的科西嘉人。虽然法国国家宪兵特勤队的人数较少，但是选拔的标准相当严格，录取率不到 7%。初次被选拔上的队员，还要通过大约 3 周的智力、体力及心理测验，才能参加为期 10 个月的训练课程，经过重重关口，才能成为最后的入选队员。

全副武装的法国国家宪兵特勤队成员

为确保特种部队在危险环境下完成任务，就必须使士兵具备多种作战能力。各国特种部队一般都编有侦察、突击、反恐怖、破坏、民事、心理、通信等专业分队。此外，还可得到海军、空军专业分队的支援配合。作战行动中，通常采用委托式指挥方式，即由受领任务的特遣队指挥官负责组成执行任务的特遣（分）队，并具体实施作战指挥。这就要求其编制具有可灵活编组的特点。各国特种部队的编制一般为大队（群），下辖中队、小队。大队（群）编制人数一般为 1200 ～ 1500 人，中队、小队编制人数只有数十人。

参加美国海军"海豹"突击队新兵选拔的志愿者

特种兵、侦察兵和间谍有何不同

特种兵与侦察兵既有相似之处，但也有着明显的区别。特种兵是掌握特战技能与技巧，肩负特战使命（例如，对敌占区域实施侦察，对敌军事目标实施突袭、摧毁，抓捕、刺杀敌方重要人物，营救人质等）的部队。侦察兵则是掌握侦察技巧与技能，执行渗透至敌占区域，侦察战役发起前敌军动态，侦察敌军事目标的位置，为己方火炮及空中打击提供引导，侦察敌方重要军事目标等任务的部队，他们通常没有攻击性任务，相反要避免与敌人相遇，以免暴露己方作战意图。侦察兵主要是炮兵侦察兵，但一般来说，作战部队都配有侦察兵，特种部队执行任务时也会有专人执行侦察任务。

荷兰海上特战部队士兵

侦察兵自古以来就是军队中的重要兵种。我国古代军队中负责侦察敌情与反敌方侦察的机动灵活的侦察兵，通常被称为斥候，起源时间不晚于商代。古代军队的分工没有那么细致，所以斥候的任务也不只是侦察敌情那么简单。他同时也要到战场附近打探消息，了解地形地貌、可饮用水源、可通行道路等，并绘制成军事地图。斥候对格斗和武器的掌握强于其他士兵，还十分善于隐藏。必要时，斥候还要秘密消灭敌方岗哨，偷偷潜入敌后，盗取重要的文件或刺杀敌人首领。直到后来分工明细，才有了探子、刺客等分工。

在现代军队中，侦察兵的主要任务是获取重要军事情报，在战斗前沿侦察敌方的部队番号、人员数量、火力配系

葡萄牙陆军突击队士兵

及在敌后对敌方重要军事或交通、通信设施等进行侦察破坏打击等。侦察分队是部队指挥官的耳目，所提供的情报为指挥官下定作战决心奠定基础。侦察兵要有过人的军事素质、身体素质、心理素质。侦察兵的行动更为迅速、灵活，对单兵的体能、敏捷度和综合作战意识都有较高的要求。可以说，侦察兵是常规部队中的"特种部队"。

侦察兵的训练科目包括外语、5000 米武装越野、400 米障碍跑、野外生存、投弹、武器射击、武装泅渡、格斗、攀爬、手语、旗语、军事地形学、载具驾驶、心理学、特种技术侦察（雷达侦察、战场电视、照相侦察、摄像侦察等）、空降（空降侦察兵）、反侦察、审讯与反审讯等。

侦察兵与间谍也有区别。间谍是运用各种方式侦察目标国家军事机密，将情报内容回报委派国家的特殊职业人员。根据有关国际条约，侦察兵必须穿军服，是合法的战斗人员，如果被俘，享受战俘待遇（根据《日内瓦公约》，战俘不得加以惩罚、虐待和杀害），而间谍则没有这个待遇。

美国海军"海豹"六队为何无比神秘

"海豹"突击队是美国海军所属的特种部队，自 1962 年组建以来，无论是执行任务还是训练，"海豹"突击队都凭借出色的表现而成为特种部队的传奇，他们几乎参与了美国介入的所有重大战争和反恐行动。进入"海豹"突击队的学员，要通过被认为是世界上最艰苦、最严格的特别军事训练，学员要在超常的困境中培养锻炼毅力和团队作战的能力，最后 70% 的学员要被淘汰出局。因此，成为"海豹"突击队的一员对美国军人来说是莫大的荣耀。

"海豹"突击队经过半个世纪的发展，已经从最初的 2 支队伍发展到 8 支官方认证队伍（即"海豹"一队、"海豹"二队、"海豹"三队、"海豹"四队、"海豹"五队、"海豹"七队、"海豹"八队、"海豹"十队），而风头最劲的第六队则始终没有被美国官方承认。这 8 支官方认证队伍约有 2500 名成员，每支队伍都有一个总部和若干作战排，由一名海军中校（O-5）下令。

"海豹"突击队直属于美国海军特战司令部，下设两个特战群。西海岸的第一特战群包括"海豹"一队、"海豹"三队、"海豹"五队、"海豹"七队，以及负责支援作战的第一特种舟艇中队和第一"海豹"投送运输分队；东海岸的第二特战群包括"海豹"二队、"海豹"四队、"海豹"八队、"海豹"十队，以及负责支援作战的第二特种舟艇中队和第二"海豹"投送运输分队。

在具体的分工上，"海豹"一队负责东南亚地区，"海豹"二队负责欧洲地区，"海豹"三队负责中东地区，"海豹"四队负责中南美洲地区，"海豹"五队负责东北亚地区，"海豹"八队负责非洲地区，"海豹"七队和"海豹"十队则主要负责美国本土。

在"海豹"突击队中，最神秘的就是"海豹"六队。尽管这支队伍在许多重大行动中都曾出现，但从来没有被美国官方承认过。与其他"海豹"小队不同的是，"海豹"六队的成员全部是从其他"海豹"分队中精挑细选出来的。"海豹"六队极度机密，其选拔的具体过程从未公之于众。目前，只知道"海豹"六队的候选队员还需要经过持续6～7个月的强化训练，能坚持到最后的往往不超过半数。

"海豹"突击队标志

"海豹"六队士兵合影

"海豹"六队的成立可追溯到1980年"鹰爪行动"的失败。当年4月24日，美国政府为解救伊朗人质危机事件中被伊朗政府扣押的52名人质而采取了军事行动，但最终以失败告终。这场军事灾难让海军认识到成立一支专门的反恐队伍的必要性，"海豹"传奇人物理查德·马辛克受命组建一支特殊的"海豹"分队。为了迷惑其他国家的情报人员，马辛克特意将这支新分队命名为"海豹"六队，虽然当时只有另外两支分队存在。

1987年，"海豹"六队因未知原因被解散，取而代之的是一个新的分队——海军特战开发小组。但在通常情况下，人们还是习惯用"海豹"六队来称呼这支队伍。目前，"海豹"六队是美国主要的反恐特种部队，它直接向美国国防部部长以及美国总统负责，预算独立于美国海军之外，拥有自己的武器研发单位，被视为美军战斗力最强的特种部队之一。"海豹"六队驻扎在弗吉尼亚州某海军训练基地。

➡ 英国特种空勤团为何被视为特种部队的标杆

英国特种空勤团（SAS）是当今世界上最顶尖的特种部队之一，是许多著名特种部队成立时的参考对象。

SAS成立于二战初期，最早成立的是"L分队"，由戴维·斯特林上校建立。直到1942年10月该单位才增至390人，同时更名为"第一空降特勤团"。经过多次的重组和扩充，一个SAS旅在苏格兰成立，包含两个英国团（1st、2ndSAS）、两个法国团（3rd、4thSAS）、一个比利时中队（后来的5thSAS）和一个通信中队。

自1941年起，这支头戴红色贝雷帽的部队凭着勇敢和机智，在德军后方给德军以沉重的打击，威震四方，被德军称为"红色恶魔"。SAS几乎经历了二战时期所有的沙漠战役，在意大利和欧洲西北部，因以训练精良的小型团体深入敌后独立作战，而拥有良好声誉。

在欧洲的战事结束后，英国陆军迫切想要除去自己"私人军队"的封号，而SAS就在他们准备除掉的部队之中。5SAS于1945年9月由比利时陆军接管，一个月后3SAS、4SAS也转入法国陆军。紧接着，空降特勤团的指挥中心和1SAS、2SAS也被解散。

就在原SAS解散数月后，英国又决定组建一个类似于空降特勤团形式的军事力量以便在未来的欧洲战争中活动，第21特种空勤团（21stSAS）由此成立。在1948年到1960年的马来亚"紧急行动"期间，又成立了22ndSAS。

1972年，为了对付日益猖獗的"爱尔兰共和军"极端分子及其他恐怖组织，特种空勤团正式改编为英国反恐特种部队。自正式执行反恐任务以来，这支队又创造了许多值得称颂的战绩。面对恐怖分子这个新的对手，SAS很快发展出一套实用战术，并在西方世界广为流传。SAS不但是他国政府和特种部队的咨询对象，还直接参与国际性的反恐行动。

目前，SAS隶属于英国陆军，受英国陆军本土司令部指挥，总部位于克雷登希尔。SAS编制为3个团，共计有1个指挥连、6个战斗连及1个反暴乱突击队（CRW）。SAS每团编有600～700人，人数少且作风低调。其中，22SAS是正规部队，另外两个团（21SAS和23SAS）是隶属于地方的自卫队。22SAS的驻地在克雷登希尔，21SAS的驻地在伦敦，23SAS的驻地在伍尔佛汉普顿。SAS的正规部队和地方部队之间的联系非常密切，两个地方团都有正规训练的军官和士官，以确保其专业水准得以维持，并传承最近行动时的经验心得。

英国陆军特种空勤团标志

根据训练科目，SAS分为红队和蓝队，红队精通空降和山地作战，蓝队更擅长驾驶舟艇和行军。按战术专长，分为狙击组和突击组，狙击组装备AW和PSG-1狙击步枪。突击组配备的则是MP5冲锋枪（不同任务会选择不同的武器，如MP5K、MP5SD等）。SAS对突击队员的要求是：破门4秒内全歼敌人，并不得误伤人质。

SAS的战斗服是标准的英国陆军式样，加上没有任何徽章的土黄色贝雷帽或有帽檐

英国陆军士兵参加索降训练

儿的迷彩帽。一般情况下，SAS和英军其他部队的制服并没有明显的区别，仅在部分细节上有所不同。

在与恐怖分子交手时，SAS通常穿戴全黑色的工作服，与黑色的防弹背心、腰带及靴子搭配。必要时，还会配发防毒面具和灰色的防闪光遮光罩。SAS的服装配置非常完善，这些服装不仅能提升SAS队员的外在形象，还能有效增强他们的作战能力。

SAS的臂章是"特种空勤团伞兵之翼"，上面简单地绣有几种独具SAS特色的图案。短剑：锋利无比，能精确刺入敌人要害；张开的翅膀：不仅表明了特种空勤团的身份，同时也表示该部队的机动性较强；臂章下端：红边蓝地的绶带上绣着特种空勤团的座右铭"Who Dares Wins"。由于这个标志，SAS也被称作"飞翔的匕首"。

英国陆军狙击手进行射击训练

→ 英国特种空勤团如何选拔新兵

作为现代特种部队的佼佼者，SAS的新兵选拔标准非常严格，没有任何人能直接进入正规团（22 SAS）。而且，它招收的对象只能是来自英国陆军其他部队的志愿者。

SAS新兵最多的是来自空降团的伞兵志愿者，这些志愿者大多数毕业于布雷克诺伞兵作战学校。在加入SAS之前，需要最少在该校受过8个星期的初级伞兵军士训练。在所学的35门课程中，分两单元实施：第一单元为兵器、地形学、航海、伪装、部队管理等；第二单元为分队的侦察、巡逻、伏击和反伏击攻防战术，以及直升机驾驶等，最后以阵地防御实弹作业结束。

SAS 在志愿者中进行严格的选拔训练，甚至有多名志愿者在测试训练中累死，这种超乎寻常的训练和选拔通常持续 2 年之久，共分为以下六个阶段。

1）体力测验

体力测验要求志愿者全副武装向指定目标越野行进，随着路程的增加，负重也逐步增加。在行进中，志愿者要使用地图和指北针判定方位，并且记下来，地图使用后必须原样折叠，以免暴露路线和目的地。SAS 在选拔训练人员的最初阶段即培养士兵保密和安全防卫的意识。这种超强度体力测验的目的是将不合格的士兵尽早淘汰。

除了负重越野以外，体力测验已知的训练项目还有泥地匍匐前进。这种泥地不仅有大量泥浆，甚至还有很多令人作呕的动物尸体，志愿者必须将自己的身体完全趴在泥地上。当然，这些训练项目还只是冰山一角。一般来说，经过两次训练就可以将不合格的人淘汰掉一部分。

2）耐力测验

大多数正常的体力只能坚持行走 8 ~ 12 小时，而志愿者接受的考验则是持续 20 小时的长距离行军。他们被派往一个陌生的荒野上，向地图的预定集合点行进。志愿者在途中可能会因为穿越沼泽和迷失方向而多走不少冤枉路，最后到达目的地时往往疲惫不堪。

训练还要求在 20 小时内在山区最少行走 65 千米（曾经的标准是 24 小时之内行走 72 千米）。如果把看错地图判断失误也计算在内的话，实际上走的路远比规定的要多。随着训练的继续，志愿者会越来越疲劳，判断能力也会下降。

3）野外生存和反审讯训练

在为期 3 周的生存训练中，志愿者需要学习在荒野中就地取食以维持生存，包括采食蘑菇和海藻、布设陷阱猎捕小动物及捕鱼等。训练中，志愿者需要在被其他部队搜捕的情况下在野外坚持数个昼夜。

除了野外生存，他们在这一阶段还将经历被俘后的"审讯"。有人被布袋蒙住脑袋长达几个小时，还有人戴着手铐在脏水潭中枯坐 8 小时。这些考验的目的是增强志愿者对肉体和精神折磨的忍耐能力。SAS 将模拟审讯的气氛做得非常逼真，以致被蒙着头的志愿者以为他们马上就要遭到军犬的猛烈撕咬，而且他们还可能会听到隔壁房间里的鞭打声、呻吟声和呕吐声。

在一次精心安排的考验中，SAS 教官把蒙着头、戴着手铐的志愿者押到铁轨上，然后虚张声势地叫喊："火车来了，快拿钥匙来。"此时，志愿者能真切地感觉到火车隆隆地向他们驶来。志愿者们反应各不相同，有的人将手放在车轮会把手铐轧断的位置上以获自由；有的人因位置和姿势的错误有可能会失去整条胳膊；还有些人则发狂了，将整个身体横在铁轨上自寻死路。事实上，火车在快要靠近他们时就转入了支线，并不会伤害到他们。经过这个阶段的考验，志愿者就会成为 SAS 的正式队员。

全副武装的陆军士兵

在山区训练的陆军士兵

4）特别训练

在 SAS 常备部队的 4 个连中，每个连都有 4 个不同专业的排，新来的队员可以自己挑选将要去服役的排。这个阶段的训练包括高空自由跳伞、操舟技术和乘潜艇实施两栖作战、攀登山崖和冰坡、军用车辆驾驶、使用经纬仪和卫星导航，以及沙漠机动作战和沙漠地区判定方位等。SAS 还有一个连会定期在挪威北部进行冬季作战训练，包括越野滑雪等，以便在战时能够适应挪威、丹麦及其他寒冷地区的战场情况。

5）语言和射击爆破训练

SAS 要求基础的战斗小组（4 人）中至少有一人要熟练地掌握可能被派遣地区的语言文字。在过去，SAS 一直注重教授阿拉伯语和马来语，现在，他们也开始重视欧洲国家的语言文字了。

在为期 3 周的射击训练中，每个队员至少要发射 1500 发子弹。SAS 在赫里福德训练基地专门建造了近距离作战室以训练队员应用射击的技能。射击训练的内容大致为：队员要冲进由数名武装人员占领的房间内，使用手枪在 18 米之内射击，且每个靶标必须被两发子弹命中才算被击毙，而且绝对不能误伤人质。

此外，爆破和炸弹排除也是全体队员必须掌握的基本技能，由专家给队员讲授各种炸药的性能和定时触发引爆装置的拆解。

6）正式编组服役

在完成上面的所有训练和测试之后，新队员将被编排到连队中，随时准备和战友一起被派遣到世界各地去执行各种任务。

→ 特种兵如何练就超常的体能

无论哪个国家、哪个军种的特种部队，体能几乎都是基本要求。要想当上特种兵，首先面对的就是体能这一关。没有人天生就是特种兵，他们所拥有的一切，除去先天因素外，绝大部分都是通过严苛的训练获得的。虽然不同军种的特种部队的体能训练内容不尽相同，但目的只有一个：提升特种兵的体能水平，使其能在战场上战胜对手并完成任务。世界各国特种部队的体能训练基础项目通常包括田径、球类、游泳、体操和越障等。

特种部队的体能训练可分为两部分：一部分是平时的体能训练，另一部分是专项体能训练。平时的体能训练指的是特种兵在零散时间里由班长组织或自发进行的强化体能的训练，而不是由连队统一组织的训练。专项体能训练则是指特种部队统一组织的训练，主要包括徒手训练和器械训练两部分。平时的体能训练有时是为了专项的攀登、障碍等训练服务的，这是两者的又一不同点。

　　在平时的体能训练中，特种兵往往会先活动身体，将身体的关节活动开，让肌肉处于放松状态。活动身体的方式包括基本的伸展运动和慢步跑等，活动量以身体微微发热和少量出汗为佳。之后，特种兵会进行正式的体能训练，训练项目以体操类为主。

海军突击队士兵在海滩上训练

　　在专项体能训练方面，各个特种部队采用的方式都不相同，难以一一尽述。以美国为例，其体能训练管理体系形成于越南战争之后、海湾战争之前，宗旨是"为实战而训练"。美军的体能训练的管理水平比较高，拥有完备的管理制度，有关条令条例就有20余部，非常详细地规定了体能训练的管理人员编制、组织结构、负责军官的职责和权力，甚至还包括场地的建设标准、必须配备的器材和服装，就连体能训练时的着装要求，如急行军时穿什么鞋子都规定得一清二楚。

　　在实际操作中，美军很重视制订训练计划，依照计划严密组织实施并对训练效果进行评估。涉及整个特种部队的体能计划，由部队领导机关组织高级将领和军内外的专家研究讨论后共同起草。特种兵每天至少有1小时在部队接受体能训练。美军军官并不需要每天参加集体的体能训练，但是如果疏于锻炼，连续两次体能测试不合格，其晋升的资格将直接被取消。美军体能训练管理体系的信息化程度也较高。在专门的数据库中，可以查到每名官兵的体重、体脂指标、所处的训练阶段、训练计划完成情况和历年来的考核成绩。

海军突击队通过举圆木训练锻炼体能

→ 特种兵如何提高自己的耐力素质

耐力素质，是指人体长时间进行肌肉工作的能力，也可看作对抗疲劳的能力。在训练和实战中，特种兵要经常进行长时间的剧烈运动，体能消耗颇大，肌体极易出现疲劳情况，耐力差、体力减弱就会使特种兵速度缓慢、反应迟钝、攻防失措，处于被动挨打的局面。只有耐力好、体质强的特种兵，才能始终在行动中有条不紊。耐力训练是特种部队训练的重要内容，世界各国特种部队选拔新兵时均会进行耐力测试。

特种兵的身体活动诸如跑步、行军、游泳、滑雪、划船、爬台阶等，都会对心血管系统和呼吸系统提出特别高的要求。在训练和实战中，这些系统给肌肉提供氧气，其中大部分氧气用于供应肌肉收缩所需的能量。任何连续使用大肌肉群 20 分钟或更长时间的活动，都会对这些系统提出更高的要求。正因为如此，耐力训练时应采用形式多样的训练方法来改善心肺功能。在这些训练方法中，跑步是主要的方法之一。与其他训练一样，跑步也要系统化。在每周的训练中，以下各类训练要交替进行。

1）快速跑

快速跑是以最快的速度跑完规定距离，通常是 50 米和 100 米。快速跑的要领是后蹬充分，前摆幅度大，步频快，重心移动平稳，两臂摆动配合好。进行快速跑时，最初不要背负任何东西，而后逐渐增加负重。每次训练时要仔细计时，然后在下次训练时试着在相同时间内跑完更远的路程。

2）长跑

长跑，即长距离跑步，路程通常在 5000 米以上。各国特种部队的长跑距离通常设定在 5000 米左右，因为 5000 米作为中跑的上限和长跑的起点，正好在一个体能的临界点。以 5000 米为限，小于这个距离，可以练习快速冲锋；大于这个距离，可以练习长距离行军。能跑 5000 米的特种兵，更容易适应作战中不同战术跑的要求。

正在进行长跑训练的陆军特种兵

3）耐力跑

耐力跑是一项有氧代谢的长距离跑步运动，特种部队一般会选择地形变化大和有挑战性的山路，并且最好有不同的路面（例如，草地、沙地、碎石等）。这种训练方式一般都要有负重，而且尽可能跑远一些。这意味着在运动中要不断地在跑步和快走之间变换以防疲劳，特种兵在快走时不应感到放松，而要快速大步前进，同时摆动双臂。在这个过程中，要利用不同方法辨明方向，经历各类天气状况。

精疲力竭的海军突击队士兵

除了跑步，基本体操训练也是一种非常有效的训练方法，它不仅可以提升耐力，还可以增强力量和柔韧性。在进行跑步和体操训练的同时，还可以穿插进行游泳这种相对温和的训练，更有利于时常需要进行两栖作战的特种部队。

→ 特种兵如何提高自身的柔韧性

柔韧性是指人体关节活动幅度以及关节韧带、肌腱、肌肉、皮肤和其他组织的弹性和伸展能力，即关节和关节系统的活动范围。柔韧性可以分为主动柔韧性和被动柔韧性。主动柔韧性是指利用肌肉可以使关节活动的范围，被动柔韧性则单纯指关节活动的最大范围。无论如何，主动柔韧性不可能超出被动柔韧性的活动范围。

影响柔韧性的因素有：关节骨结构，关节周围组织的体积，韧带、肌腱、肌肉和皮肤的伸展性。其中，最后一项与提高柔韧性关系最大。柔韧性不仅取决于结构的改变，也取决于神经对骨骼肌的调节，特别是对抗肌放松、紧张的协调。协调性改善可以使动作幅度加大。

特种兵的柔韧性得到充分发展后，人体关节的活动范围将明显加大，关节灵活性也将增强。这样做动作更加协调、准确、优美，同时也可以减少由于动作幅度加大、扭转过猛而产生的关节、肌肉等软组织的损伤。提高柔韧性通常采取以下两种方法。

1）主动或被动的静力性伸展法

主动或被动的静力性伸展练习是一种行之有效且比较流行的伸展方法，它是缓慢地将肌肉、肌腱、韧带拉伸到有一定酸胀和疼痛感觉的位置，并维持此姿势一段时间，一般认为停留 10 ～ 30 秒是理想的时间，每种练习应连续重复 4 ～ 6 次。这种方法拉伸缓慢，可以较好地控制使用力量，比较安全，尤其适合于刚开始训练的特种兵。

训练中的陆军特种兵

2）主动或被动的动力性伸展法

主动或被动的动力性伸展练习是指有节奏的、速度较快的、幅度逐渐加大的多次重复一个动作的拉伸方法。主动的动力性伸展是靠自己的力量拉伸，被动的动力性伸展是靠队友的帮助或负重借助外力的拉伸。利用主动或被动的动力性伸展法进行练习时，所用的力量应与被拉伸关节的可能伸展能力相适应，如果大于肌肉组织的可伸展能力，肌肉或韧带就会被拉伤。在运用该方法时用力不宜过猛，幅度一定要由小到大，先做几次小幅度的预备拉伸，再逐渐加大幅度，从而避免拉伤。

柔韧性训练必须遵循一定的原则来进行，例如，进行较大强度肌肉伸展练习前，必须做热身运动，使身体微微出汗；肌肉伸展产生了紧绷感或感到疼痛时就应该停止练习，防止拉伤；每种姿势练习的时间和次数是逐渐增加的，随着柔韧性在锻炼过程中的提高，练习强度应逐渐加大；柔韧性练习要持之以恒才能见效，如果柔韧性练习停止一段时间，已获得的效果就会有所消退；每次伸展练习之后，应做些相反方向的练习，使供血供能机能加强，这有助于伸展肌群的放松和恢复。

训练中的海军突击队士兵

→ 特种部队是否看重智力水平

与传统观念相反，特种兵并非都是头脑简单、四肢发达之辈，现代特种兵由于任务形态、情报资讯、装备操作与本职技能等种种要求，不仅需要有优于常人的身体素质，对智力的要求也比一般人的更高。

以美国海军"海豹"突击队为例，在选拔队员时除了一般性的体能测验外，也会针对智力水平、反应速度与抗压能力进行测验。"海豹"突击队经常会在一阵高强度的体能测验后，立即来一场即时机智问答或是限时的纸上作答，以此观察参选者在生理负荷量极大的情况下是否会判断错误或影响思考。对于普通队员，"海豹"突击队要求至少拥有高中学历，智力测验得分最少要有 115 分。而军士官的学历虽无明文限制，但拥有大学以上学历者比比皆是，硕士、博士也大有人在，双学位者不在少数，而智力测验得分要求不得低于 135 分。美军其他特种部队，例如，美国陆军"三角洲"特种部队和"游骑兵"特种部队也都有类似的智力要求。

一支特战小队在执行任务时要考量的情况相当多，例如渗透路线会有一条预定路线、一条备用路线与一条紧急路线，作战方案会有第一执行方案以及备用方案、紧急方案，撤离路线也会有多条，这些都需要特种兵熟记于心。另外，敌情侦察分析，通信密码的定时、跳/扰频与解码步骤，本次任务代码、呼号、密码、频率和通信时间以及紧急通信程序等，均需要特种兵准确掌握。每次特战任务需要特种兵熟记的情报、数据、资料、分析研判与评估报告可能不会少于一次大学联考所要准备的资料，其承受的身心压力不言而喻。如果特种兵的智力水平较低，显然是无法顺利完成任务的。

海军突击队士兵正在商议作战计划

第
2
章

陆军士兵在执行任务

特种兵如何避免战斗应激反应

军事文献中用来描述士兵在战场上出现的心理、精神障碍的名词有很多，例如，"炮弹休克""战争精神症""战斗衰竭""战斗应激""战斗应激反应"等。人们很早就注意到了士兵在战争中出现的心理、精神上的异常，有文字记载的第一例这类减员是战场癔症性失明，出现在公元前 490 年的马拉松战役中。而在美国内战、日俄战争、两次世界大战等战争中，精神性减员数量的增加使人们逐渐认识到研究这种精神异常的重要性，并开始对士兵在战场上出现的影响战斗力的心理、精神异常表现的本质进行探索。

战斗应激反应的危害极大，它可以直接造成大量非战斗减员，严重影响部队的战斗力。而且战斗应激反应发病率高、发病突然、症状复杂、难以预料，可使部队陷入精神混乱状态，影响部队战时稳定。有些战斗应激反应常以群体发作形式出现，并相互感染，一人发作可迅速波及多人发作。

在现代军队中，特种部队面临的作战压力无疑是最大的。特种部队的行动几乎都是在最易诱发战斗应激反应的环境下进行的，而且特种部队通常以小队的形式投入战斗，有时甚至需要单人作战，应对战争压力时没有任何人可以倾诉，相反还要忍受长时间警戒的孤独。此外，身体负重较大，经常睡眠不足，严重消耗特种兵的体能和积极性。然而，特种部队出现精神疾病患者的概率远比常规部队低，战争压力反应现象也远少于常规部队。

特种兵成功克服战争压力的秘诀就在于他们平时严格的训练和战争考验。特种部队会在训练方案中尽量保障真实性，从而使士兵体验到真实战争的氛围。例如，英国特种空勤团建造了一种被称作"杀人屋"的训练场地，后来被世界各国的特种部队采用。这是一种室内的实弹射击场，它所使用的墙壁与楼板材料可以抵挡近距离实弹射击。在援救人质的演习中，特种空勤团会安排一些士兵扮演被关在"杀人屋"中的人质，而恐怖分子则由与真人一般大小的人形靶子充当，遍布"杀人屋"的各个房间。在演习过程中，特种空勤团士兵会使用实弹射击，也会使用眩晕手榴弹这样的非致命武器。由于光线昏暗，场面混乱，难保不会出现意外伤亡事故，但只有这种残酷的训练才会让特种兵从容面对战争压力，在实战中成功生存下来。

正在进行射击训练的陆军特种兵

这种训练的好处非常明显。首先，使用实弹有助于特种兵习惯自己的武器在特定物理空间中开火时的声音和感觉。其次，在射击距离之内有一个活生生的人体目标。这一事实有助于特种兵接受自己行为的后果。最后，扮作人质的人员本身也可受到锻炼。在保持镇静和警惕的同时，他也能适应擦肩而过的子弹的嗖嗖声。所以，此类训练必须多次重复进行，直至最后对战斗的渴求成为特种兵的第二天性。以后一旦特种兵真实地投入战斗，他的大脑就绝不会像从未受过此类训练的人那样受到伤害。

海军突击队士兵在冰天雪地中训练

→ 反恐小队有哪些核心成员

特警部队和军方特种部队在执行反恐任务时的队伍构成并没有严格的规定，但经过长期的实战经验总结，各国反恐部队的编制往往具有某些共性。一般来说，反恐小队由以下核心成员组成。

1）破门手

破门手是负责为反恐小队清理行进路线中的障碍物的队员，负责打开大门和窗户、开锁、破房顶等，携带的主要装备为霰弹枪（可以轻易打掉门锁）以及铁锤、铁镐、撬棍和炸药等破门工具。

2）尖兵

尖兵是反恐小队的先锋，其行动对整个反恐小队具有重要的引导作用，行进速度、进入房间的时机、临战应变等，都将依靠尖兵的判断。尖兵总是在反恐小队的最前面，需要对来自任何方向上的威胁进行即时压制，通常是第一个开火的人，也是最容易中弹的人。因此，尖兵一般穿着防弹衣、戴着防弹面罩并配有防弹盾牌。当拿着盾牌时，尖兵必须保持低矮姿势，以降低中弹概率，并避免影响后面队员的视线和射击。

比利时特警反恐小队

3）攻击手

攻击手是反恐小队的主要攻击力量，紧随尖兵之后。攻击手往往有3人，包括掩护手、抓捕手、后卫等。其中，抓捕手通常由反恐小队指挥官兼任，随身带有大量捆扎工具，位于队伍中间，行进过程中随时协调前后队员的行动，并警戒有可能被前方队员遗漏的地方，以及处理被制服的恐怖分子。后卫主要负责警戒后方，同时确认已被清除过的地方。

4）狙击手

狙击手通常单独行动，在反恐小队展开行动前，对现场和恐怖分子进行远距离监视，完成现场情况的侦察，并将获得的情报向指挥官汇报。

反恐小队开始行动后，狙击手则承担支援任务，并监视作战现场的情况。狙击手通常装备望远镜、夜视仪和高性能的狙击步枪，他不会轻易开枪，一旦开枪就必然是至关重要的一枪。

波黑特警反恐小队

→ 反恐狙击手和军队狙击手有何不同

狙击手是指擅长隐匿行踪，并且能够完成远距离精准射击的枪手。狙击手以狙击步枪为主要武器，利用良好的伪装藏身于隐蔽位置，对远距离的特定目标进行射击，往往要求打到要害，一击毙命。狙击手不仅在现代军队中大显身手，在反恐部队中也是必不可少的一员。在某些国家的反恐部队中，负责远距离精准射击的队员也被称为"神枪手"。

军队狙击手和反恐狙击手有一些共同点，如精通狙击技能、具备很强的多样性环境生存能力以及某些战术。但是，军队狙击手和反恐狙击手在擅长的技能、精通的战术、组织和计划的制订等方面也存在差异，尤其是专业技能的应用方面。

两者之间最大的差异是如何使用致命性武器。除非是嫌犯危及人质、警察或其他人物的安全，反恐狙击手才会开枪。但军队狙击手则不是如此，即便敌军没有威胁，他也要根据任务需求对其进行狙杀。在某种程度上，军队狙击手只需考虑战术形势，如何灵活地作战并取得胜利。反恐狙击手每开一枪之前，都会考虑这一枪是否合法。军队里的狙击小组一般是轮替使用狙击步枪和突击步枪，而反恐狙击手往往是多人使用一支狙击步枪。

军队狙击手和反恐狙击手的另一个重大差异是交战距离。反恐狙击手为了能够解救人质和尽量减少伤亡，均希望自己能够尽可能地靠近嫌犯和人质，能够在 100 米的距离内开火则是非常有利的。根据美国联邦调查局的统计，反恐狙击手的平均狙杀距离为 65 米左右。除非是出现劫机和嫌犯有精神病的情况，反恐狙击手才会进行远距离狙杀。而在普通情况下，反恐狙击手要在 200 米外的距离上开枪，必须得到上级的特殊批准。相比之下，如果条件允许，军队狙击手应尽可能地在更远的距离上作战，充分发挥狙击步枪的效能。这是因为军队里的狙击小组往往会在敌众我寡的态势下作战，更远的狙杀距离意味着有更大的逃生机会。

美国陆军"绿色贝雷帽"特种部队狙击手

法国国家宪兵特勤队狙击手

在执行任务时，反恐狙击手的阵地相对固定。而军队狙击手则没有这个便利条件，他们往往是打一枪换一个阵地，再次进行狙击，然后更换阵地，如此轮换。如果不轮换阵地，即便是在远距离上，也会成为敌方机枪、火箭筒和迫击炮的靶子。

军队狙击手在实施狙击的时候，风速、风向和距离是主要的考虑因素。相比之下，反恐狙击手要重点关注目标和人质的移动情况，贸然开枪极有可能酿成惨剧。军队狙击手追求在远距离上一击致命，如果第一枪没能命中，他们很有可能因此没命。而反恐狙击手则必须抓住稍纵即逝的战机，顺利解救人质，他们面临的情况在某种程度上甚至比军队狙击手更复杂。

特种兵为何总是涂成"大花脸"

在关于特种部队的电影中，我们经常会看到特种兵的脸上涂满了迷彩油，不仅显得很神秘，也让人感到害怕。那么特种兵把自己弄成"大花脸"的原因是什么呢？ 相信很多人会说这样做是为了伪装。没错，伪装是迷彩油的重要作用，但它的作用并不止于此。

特种兵在丛林作战的过程中，为了更好地伪装自己，将自己与丛林环境融为一体，脸上涂抹迷彩油，会有很好的伪装效果，更不容易被敌人发现。在迷彩油的选择上，基本上分为黑色、绿色、褐色，这三种颜色交织在一起，基本上就可以遮盖面部及脖子的裸露部分，这样特种兵的皮肤在阳光下就不会出现反光，在丛林中就不容易被敌人发现了。

正在涂抹迷彩油的空军特种兵

迷彩油的第二个作用是驱除蚊虫。在丛林或者其他较为恶劣的自然环境里，蚊虫容易携带细菌及病毒，对特种兵造成一定的干扰，在身体裸露的部分涂抹上迷彩油，可以有效地驱除蚊虫，避免蚊虫的骚扰，从而更加专心地执行潜伏任务。

面部涂满迷彩油的特种兵

迷彩油的第三个作用是隐藏面部识别特征。特种部队的神秘，在于与外界的隔绝，只有保持着绝对的独立，才能更加低调地生存。特种兵在执行任务的过程中，尤其要避免被人识别认出，因为这意味着巨大的危险，一旦特种兵被敌人记住了面部特征及相貌，就很容易被敌人追踪甚至报复。经过迷彩油的遮盖后，特种兵的面部特征基本被消除，如果不经过认真的辨别，很难记住面部相貌特征。

此外，涂抹迷彩油后的脸部，对敌人也有很好的瞬间震慑效果，尤其是在光线不佳的环境下，一张突然出现的"大花脸"，很有可能让敌人瞬间失神，进而被特种兵先手制服。

→ 如何优化特战分队编组

一些军事强国认为，随着特种部队任务日趋多元，只有进一步优化编组形态，才能适应瞬息万变的战场环境。为此，各国特种部队陆续采取了以下措施。

（1）小型化。美国陆军"绿色贝雷帽"特种部队每个作战组由20世纪90年代的25人减至10人以下，担负预警雷达破袭任务的作战组甚至只有3人。俄罗斯陆军特种部队的特种任务小组由20人减至5～10人。在俄罗斯格鲁吉亚战争中，每个特种任务小组通常由1～2名军官、2名爆破手、1～4名侦察员、1名通信员和1名医务员组成。以色列国防军特战分队编组精干灵活，规模控制在 5 ～ 8 人。

（2）合成化。美军特战分队已由过去单一军种编组向陆、海、空合成特战编组发展。美军《联合特战顶层概念》要求，实施特战时，应

法国国家宪兵特勤队的 6 人小队

统合运用各军种特战力量，根据任务需求进行特混编组，组成联合特战小队。

（3）多能化。美军要求特战分队具备多元作战能力，能同时执行多项任务。在 21 世纪初的一场局部战争中，美军一支特战分队 6 名成员都有突出专长，分别是炸药专家、通信专家、石油专家、心理专家、气象专家和沙漠专家，在 1 个月内先后执行了破坏军营、引导打击、策反

高官、保护石油设施等十余项任务。俄罗斯"阿尔法"特种部队要求每个小组，同时拥有狙击、爆破、登山、潜水、情报分析和谈判等专业能力，能深入敌境执行多元任务。

训练中的韩国陆军第 707 特殊任务团士兵

女性能否加入特种部队

长期以来，特战这一领域一直是由男性主导，许多社会人士认为，女性难以负荷和男性同样程度的体力和心理挑战，这样的说法并非毫无

根据。2015年美国海军陆战队公开的一项研究结果显示，在地面作战中，男兵女兵混合组成的部队，表现普遍不如完全由男兵组成的部队好，后者机动更快、打击更准。

2015年，美国兰德公司曾做过一项美国特种部队人员的调查，报告显示，85%的受访者反对女性进入特战领域，认为女性的持续作战能力较弱，因而可能会影响团队作战效率。

此外，女性特种兵的选拔标准远低于男性，这也引来了一些人士的批评。他们认为此举会降低部队的作战水准，难以维持之前超高效率的行动。有评论家表示，特种部队作战条件艰苦，为了女性的生命安全，不要试图通过降低准入门槛的方式来改变军营中的性别比例。众所周知，现代军人战场负载很大。兰德公司在报告中也指出，打破军营"性别壁垒"的关键在于建立"无差别标准"。

训练中的挪威"猎人"特种部队女兵

事实上，将女性纳入特种部队已不算什么新鲜事：二战期间，一些最危险的任务就是由女特工完成的，她们在各国搜集情报，冲破敌人封锁线，为战争胜利争取先机。然而，直至现在，能否将女性引入特种部队的争议也一直不断。反对者认为，一旦女兵被俘、遭遇性侵等各种虐待，会引发非常强的宣传效应和情绪煽动，会使军方在各方面应对上都显得极为被动。而支持者认为，当前紧张的工作节奏需要女性的辅助，女性具有独特的优势，在军队情报搜集方面有着不可替代的作用。女性具有与生俱来的亲和力，便于和当地人进行沟通，从而提高特种部队的作战效率。

将女子纳入特种部队的观念，在挪威得到了很好的实践。2014年，挪威军方为实践这一理念成立了一支全部由女性组成的特种部队——"猎人"特种部队。挪威军方称，女兵的观察能力和小型武器射击能力特别突出。

在准备重大行动或训练时，为找到解决方案并预判结果，女兵花在方案研究方面的时间更长，也就是说，女兵的准备工作更详细、充分。

整体来看，女性真正被军队接纳还有很长的路要走，但目

挪威"猎人"特种部队女兵参加射击训练

前的趋势已经有所转变。2017 年 1 月 17 日，美国特战司令部公布称，国际上特战部队正在进行历史性的转变。据美国官方发言人透露，一位女性申请人顺利完成了美国陆军特战司令部第 75 游骑兵团的突击人员评估，成为通过该项评估的第一名女性。公开消息显示，此前还有其他女性申请人参加选拔，但没能通过。由此可见，女子特种兵的选拔过程可谓精挑细选，为了适应特种部队的作战节奏，脱颖而出的女兵不仅具备出色的身体条件，还要有着过人的心理素质。

特种兵一般需要服役多少年

一般来说，特种兵只需服役 6 年即可退役。要知道军中的训练可不是健身房中的自主锻炼，其严格程度并不是一般人可以承受的。而特种兵相比普通士兵而言，接受的训练更加严格，且更加多样。正因如此，特种兵的身体难免会受到巨大的损耗。甚至一些退役特种兵，还未到老年就出现了腿脚行动不便的情况。所以，很多国家规定特种兵只需服役 6 年即可退役。但实际上，不少特种兵都会在部队中服役 10 年以上，这又是为什么呢？

特种兵往往是从各级部队精挑细选而来，其身体素质及心理素质远超普通士兵。特种部队的成员大都是士官军衔，长期在军中服役使他们对部队有着深深的眷恋。军旅生涯不同于普通人的生活，虽然艰苦无比，但也非常充实。因此，不少军人都会因退役而伤感。而这一情况在老兵

群体中体现更为明显，要知道，人一旦长期适应一种生活，就会很难融入另一种全新的生活。

再者，特种兵毕竟是军队中的精英，虽然训练和作战都很艰苦，但是各方面的待遇比较丰厚。现代社会就业压力普遍较大，特种兵走出军营后想找一份待遇相当的工作并不容易。因此，长期在军中服役，也是个不错的选择。而且特种兵作为军队精心培养的精兵，花

巴西海军陆战队特战营士兵

陆军特种部队群士兵在约旦训练

费了大量的财力和精力，就算他们身体素质可能越来越差，但是老兵的作战经验丰富、遇事沉着冷静，这些都是无价之宝，因此，就算一些精锐老兵想走，部队也会想方设法留下。美军特种部队招募新兵时的必要条件之一，就是参选者必须同意可超期服役。

→ 退役特种兵为何加入雇佣兵组织

雇佣兵是一种特殊的职业，指以金钱为目的而参战的武装人员，是为了利益而参加一场武装冲突的团体和个人。从古至今，雇佣兵都被看作一群"要钱不要命"的人。在很多人的理解中，雇佣兵给其他人带来的只有痛苦和死亡，而促使他们打仗的唯一动机就是金钱。

雇佣兵的来源很杂，平民、退役军人、罪犯都有，但最受欢迎的还是退役特种兵。据了解，欧美国家有不少特种兵在退役后会加入雇佣兵

组织。一方面，与保家卫国的特种兵不同，雇佣兵不认对错只认金钱，

谁出的价高，他们就为谁做事，所以雇佣兵的待遇要超出特种兵很多。另一方面，某些特种兵习惯了枪林弹雨的军旅生涯，无法接受退役后的平静生活。他们为了经济利益和精神需求，就会选择加入雇佣兵组织。

战斗能力过人的海军突击队士兵

加拿大特战团士兵跳伞

事实上，同样的作战任务，雇佣兵面临的风险要比特种兵大很多。通常情况下，特种兵在任务失败被俘虏后，会受到《日内瓦公约》的保护，生命会得到基本的保障；而雇佣兵由于不算国家的正规建制，所以《日内瓦公约》对其无保护作用，任务失败被俘就意味着失去生命。最重要的

是，在一些情况下，特种兵可以向国家请求支援，不仅可以迅速获得武器、食物等补给品，还能得到兵力支援；而雇佣兵则只能走一步看一步，一旦出现破绽或者是弹尽粮绝，基本就陷入绝境，这也是为国效力和为钱效力的最大区别。

当然，某些国家的特种兵退役后很少有人加入雇佣兵组织，几乎可以忽略不计。因为这些国家针对退役的特种兵采取了很多福利政策，无论是待遇还是其他社会保障，都能让退役特种兵安稳生活。此外，地方政府也会经常对退役特种兵进行不定期的心理疏导和情况调查，以确保他们能够正常生活，同时也大大降低了他们误入歧途的风险。

→ 军犬在特战中有何作用

军犬在外军特战部队中十分常见，其凭借远超人类的嗅觉、听觉及视觉能力，在特战中发挥着十分重要的作用。具体来说，军犬在特战中发挥的作用有以下几个。

（1）在特种侦察行动中，引导特种兵执行情报搜集和目标追踪任务。外军使用搜索型军犬，进行特殊的情报获取和目标追踪。例如，德国特战空降军犬，既可以探查爆炸装置，也可以在视野受限的高楼或茂密的森林发挥侦察和追踪作用，这对于特战而言尤为重要。而在美、英军队中，特战军犬身上装配了摄像头，可帮部队侦察敌方高层藏身地点等关键情报。

（2）在攻击行动中，协同特种兵执行直接攻击任务。在此类任务中，外军使用攻击型军犬，迅速撕咬或扑倒目标，特种兵随后突入将其制服。例如，在以色列特种攻击军犬连中，攻击是军犬的唯一任务，其目的是尽快杀死目标或使目标失去作战能力。

（3）在渗透任务中，伴随特种兵执行隐蔽渗透任务。外军军犬在特种兵的引领下，伴随搭乘陆、海、空特战机动工具，实现隐蔽渗透，并能提供威胁预警。外军认为："在现代城区及山林，小股特种部队携带特种军犬空降，是迅速插入敌后执行任务的最佳方式。"外军认识到"军犬察觉不出高度差"，所以常由军犬伴随特种兵伞降。例如，美国陆军"三角洲"特种部队可运用军犬进行 6000 米高空伞降。

（4）在反恐作战中，辅助特种兵执行安检与警戒任务。外军使用搜索型军犬，特种兵进行防爆检查时，借助军犬的鉴别能力，帮助搜索爆炸物。据统计，自 2002 年以来，以色列特种搜索军犬在约旦河西岸发现并挫败了至少 200 起自杀式恐怖袭击。此外，外军也运用军犬灵敏的

反应能力，执行特种警戒任务。例如，法国和以色列的特种部队，针对运用军犬反击恐怖爆炸活动，均制定了相应战术。

（5）在营救作战中，配合特种兵执行搜救任务。外军使用搜救型军犬，与特种兵密切配合，营救

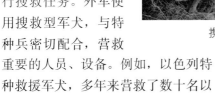

携带军犬作战的突击队士兵

重要的人员、设备。例如，以色列特种救援军犬，多年来营救了数十名以色列与外国公民。

（6）在特种心理作战中，执行心理威慑和心理支援任务。在此类任务中，外军使用军犬配合特种心理作战，对敌人进行威慑。

值得一提的是，外军还认为："同一只友好的军犬相处一段时间，能够有效地释放士兵的压力。"所以在必要时，外军会借助军犬为特种兵提供心理支援，振奋士气。

携带军犬的陆军特种突击队士兵

海军突击队士兵携带军犬作战

法国国家宪兵特勤队携带军犬参加反恐行动

第 3 章
装 备 篇

在现代战争中，特种部队的地位与作用日益提升。世界各国都极力通过各种途径提升特种部队的战斗力，其中最重要的途径之一便是配备先进的武器装备。借助这些武器装备，特种部队的机动力、隐蔽性、生存力和杀伤力都会极大提高，战斗效用更加显著。本章主要就特战装备相关的问题进行解答。

→ 概 述

由于特种部队承担任务的特殊性，其武器装备从普通的轻武器到高级电子通信设备、武装直升机、导弹巡逻艇甚至潜艇应有尽有。轻武器主要有各式手枪、机枪、狙击步枪、微声冲锋枪、闪光弹、反坦克枪榴弹、轻型迫击炮和定向地雷等。重武器则包括装甲战斗车、武装直升机、运输直升机、各种战斗和运输舰船以及潜艇。此外，特种部队的装备还包括各种特战专用装备和高级电子设备，如滑雪、登山和潜水装具，定位导航设备、卫星通信设备、夜视与红外侦察设备、遥控侦察飞机等。

在武器装备的来源上，虽然各国特种部队的情况各有不同，但是也有不少共同之处。总体而言，各国特种部队的武器装备主要有以下四个来源。

1）部队自主研发

自主研发是特种部队较为推崇的装备获取途径，但往往只有军工科技比较发达的国家才有能力进行自主研发。以美国为例，特战司令部会采取不同的策略来满足特种部队的装备需求，其中的80%都是通过自主研发。研发过程一般为：特种部队先提出需求，被特战司令部批准后整合到正在实施的项目中，整合后的项目将寻求经过改进后即可满足的可现货供应的或非发展型的产品作为首选。如果不能整合，特战司令部将另立风险最小的单独项目进行研发，然后通过竞标，选择两家或更多的公司研发，经过测试评估后确定最终的选择。

在研发过程中，螺旋式发展是产品研发和改进的首选方式。其要求在每一个发展阶段，都要考虑下一阶段产品的发展，以使装备的性能逐渐提高。螺旋式发展允许在发展过程中根据形势变化和实际需要不断采用新技术进行改进。这样一来，运用系统工程和创新的风险管理方法以及现代化的采办程序，就可以大大缩短装备从研发到装备的时间。

2）商业渠道购买

当今世界上有许多著名的军工企业，仅以枪械生产为主的公司便有柯尔特（美国）、史密斯·韦森（美国）、雷明顿（美国）、阿玛莱特（美国）、巴雷特（美国）、黑克勒·科赫（德国）、伯莱塔（意大利）、斯泰尔·曼利夏（奥地利）、赫斯塔尔（比利时）和西格（瑞士）等。只要能满足特战的需要，特种部队就会直接购买这些军工企业（不局限于本国企业）的成熟产品，直接投入使用。例如，美国特战司令部近几年正从装备的研发者向使用者转变，由军方自主研发的先进装备技术项目只有少数。只要特种部队需要，不管技术来源如何都会得到利用。每年，美国特战司令部都会向工业部门发布简报，说明特种部队的一些需求，生产商可以根据这些需求与特战司令部合作，进行相关装备技术的研发。向军工企业购买装备并不全是由部队统一进行，特战队员可以根据自身需要，自行选购各种作战装备。

巴西海军战斗潜水员组装备的特战艇

3）改进民用装备

在先进装备的研发过程中，最大限度地利用民用装备技术也非常重要，因此各国特种部队还会与民营企业合作，这些成熟的民用装备技术经过改进即可满足特种部队的作战需求。不过，民用装备技术的研发规划一般是中期规划（3～5年），所以特种部队在利用民用技术中还必须关注长期的装备技术发展规划。也就是说，有限的资金还必须投入目前虽不能应用，但对未来非常有益的装备技术研发中，如定向能武器、信号管理等。

4）多方联合发展

今天的科学就是明天的技术。特种部队会不断与处于科学研究前沿的其他部门和组织合作，以寻求技术突破，提升特种部队的作战能力。例如，美国特战司令部不仅会与美军其他部门、本国政府机构开展合作，还会与外国的政府机构及相关单位联合，研发特种部队需要的技术和装备。美国特战司令部与美国国防部及国家实验室联系紧密，并且在不同的政府研究机构派驻联络官，协助新技术的研发。另外，根据国外对比试验（FCT）计划，美国特战司令部可以直接对来自外军的非发展型项目进行试验。

美国特战司令部下属的各军种特战司

法国国家宪兵特勤队及其装备的特战车辆

令部也都积极参与先进技术的研发和装备采办。各军种特战司令部负责其下属特种部队的作战发展和非物质解决方案，他们在特战研究支援组（SORSE）的带领下协助做好技术或装备的评估工作。各军种特战司令部提供装备的试验靶场及试验平台。另外，各军种特战司令部还在能力需求文件制定阶段协助制定联合需求或通用需求。部署在前线的特种部队士兵经常有机会接触并使用来自世界各地的最新高技术武器、通信装备、单兵装备和传感器等。他们将相关信息通过各军种特战司令部反映到美国特战司令部，以进行评估，甚至有可能将新装备集成到现役武器装备中。

→ 美军特种兵佩戴的 MICH 头盔有何特别

MICH 头盔是美国专门针对特种部队的需求而设计的头盔，其正式名称为"模块化集成通信头盔"。该头盔主要有 3 种型号：MICH 2000 为全护耳型；MICH 2001 为无护耳型；MICH 2002 为半护耳型。MICH 头盔自 2001 年开始配发美国特战司令部特种部队、美国海军陆战队侦察部队、美国陆军第 82 空降师的部分部队。

佩戴 MICH 2000 头盔的海军陆战队特种兵

MICH 头盔有 6 层、7 层或 8 层泡沫衬垫防震系统，能根据士兵的具体要求进

佩戴 MICH 2001 头盔的海军突击队士兵

行增减或改变。将 MICH 头盔戴在头上几分钟后，头盔里的衬垫就会变得松软，最后将完全适合士兵的头形。头盔的迷彩盖面是两面用的，可在林地或沙漠中使用。较高的帽檐儿为使用者提供更宽广的视野。使用这种头盔，当全副武装的使用者卧倒时仍然能对目标进行打击。

MICH 头盔能抵挡 9 毫米子弹的射击，即便子弹是垂直入射。头盔上用来将防震系统固定到帽壳上的螺栓也是冲击式的。这些螺栓将和帽壳一道进行相同的冲击试验。以往使用的头盔，当子弹打在螺栓头上时，极有可能击坏螺栓头，使螺栓的尾部脱落，伤害头盔佩戴者。而 MICH

头盔能杜绝这种情况的发生，这一点在战斗中已得到证实。

→ 贝雷帽为何成为特种部队的标志

贝雷帽是一种无帽檐软质制式军帽，具有便于折叠、不怕挤压、容易携带、美观等优点，还便于外套钢盔。一些举世闻名的特种部队长期佩戴固定颜色的贝雷帽，贝雷帽逐渐成为特种部队的标志。

贝雷帽的历史最早可以追溯到 15 世纪，当时法国西南部的牧羊人曾经喜欢戴一种用棕色羊毛纺织出的圆形无沿软帽。而历史上最早佩戴贝雷帽的军队是英国军队。早在一战期间，英国派往欧洲大陆的远征军就有部分官兵佩戴贝雷帽。二战期间，英国组建的特种空勤团和特种舟艇团等特种部队都以贝雷帽为醒目标志，而贝雷帽颜色的不同又成为这些部队的区分标志。

佩戴贝雷帽的陆军特种兵

佩戴贝雷帽的墨西哥特种兵

第3章

不过，现在已有一些特种部队改为佩戴奔尼帽。奔尼帽的外形与礼帽相似，不过是软的。由于特战的特殊性，特种兵经常需要在水域、丛林等地区活动，在某些情况下戴着防弹头盔会大大影响行动的机动性和身体的舒适性，所以常常戴着轻便的奔尼帽。

近年来，奔尼帽发展迅速，在实战中大有取代传统战斗帽和贝雷帽的趋势。相比战斗帽和贝雷帽，奔尼帽有佩戴方便的优势，而且宽大的圆边在雨林中有阻挡虫子落入衣领和挡雨的作用，在沙漠中又可以用于遮阳，不用时还可以将圆边卷起轻松携带。

佩戴奔尼帽的海军突击队士兵

特种兵和特警为何喜欢佩戴面罩

对于特种兵和特警来说，伪装是一件非常重要的事情。在面部伪装方面，军方特种部队通常会涂抹伪装油彩，而特警部队则倾向于佩戴面罩。当然，具体采用哪种方式，也要视作战条件和对象而定，并没有硬性规定。

特种兵和特警佩戴的面罩正式名称为"巴拉克拉法帽"，最早起源于克里米亚地区。在克里米亚战争（1853～1856年）期间，英国远征军发现克里米亚地区的巴拉克拉法居民流行戴一种羊毛头罩，由于气候寒冷，当地居民都戴着这种帽子以保护脸和脖子不受到寒冷和强风的侵袭。后来英军入乡随俗，并且将这种帽子带回英国，"巴拉克拉法帽"成为这种帽子的名称。

二战中，英国"红色贝雷帽"空降团在摧毁挪威重水工厂的特战中一战成名，他们也成为英军现役特种部队特种空勤团的前身。正是在那场让他们声名大噪的突袭中，"红色贝雷帽"空降团的很多士兵为了适应挪威的寒冷天气和机降突袭中的低温，专门佩戴了巴拉克拉法帽。后来，很多国家的特种部队都沿袭了英国特种空勤团的这一习惯。

佩戴面罩的特警

事实上，除了防寒功能外，面罩在特战中还有一些独特的作用。首先，面罩能够保护特种兵和特警的身份。一是因为他们很多时候执行的都是非正规的作战任务，其保密性必须得到保障，所以个人身份就很重要；二是因为兵种关系，特种兵所知道的军事机密也比一般部队的士兵要多，为队员个人及其家人安全着想也是十分必要的。

佩戴面罩的特警

其次，面罩具有较好的伪装作用。特种兵和特警所执行的任务很多时候都必须秘密进行，所以保护自己不被发现就成了首要任务，而佩戴面罩就可以遮盖队员的面部特征，以免被敌人发现。一些队员往脸上涂抹油彩也是一样的目的。同时特种部队经常在晚上行动，而人的面部皮肤会产生油脂，进而产生反光，佩戴面罩也可以起到很好的伪装作用。

再次，面罩具有较好的震慑作用。特种兵和特警佩戴面罩后，就具有了神秘感，使恐怖分子把面罩与特种兵和特警联系起来。一些国家的特种部队还会在面罩上绘上图案，或者戴上骷髅面具，刻意加强震慑效果。

最后，面罩具有一定的防护作用。它能够防止蚊虫叮咬，并具有一定的防火功能，不至于直接灼烧皮肤。同时，还可以隔挡汗液、雨水直接流入眼睛，影响视线。此外，还能够掩盖士兵的面部表情，使其口型不会被读取。

随着特战技术的发展，越来越多的武器装备也应用到特战当中，世界主要军事强国都在开发特种兵和特警专用的面罩，其防护作用和隐藏的各种功效，远胜于普通面罩。

特种兵使用的防弹衣有何特别

防弹衣，又称避弹服、防弹服、防弹背心等，用于防护弹头或弹片对人体造成伤害。按防护等级，防弹衣分为防弹片、防低速子弹、防高速子弹三级；按款式，分为背心式、夹克式、套头式三种；按使用对象，分为步兵防弹衣（装备步兵、海军陆战队等，用于防护各种破片对人员的伤害）、特殊人员防弹衣（主要供执行特殊任务时使用。在步兵防弹衣基础上增加了护颈、护肩防护功能，增加了防护面积。前胸和后背部位可以加装防弹插板，提高防弹性能）、炮兵防弹衣（主要供炮兵在作战时使用，可防护破片和冲击波伤害）三种；按原料，分为软体、硬体和软硬复合式三种。

软体防弹衣的防弹层一般采用多层高强度高模量纤维织物加缝线绗缝或直接叠合而成。当子弹、破片侵彻防弹层时产生方向剪切、拉伸破坏和分层破坏，借以消耗其能量。

身穿防弹衣的特勤队士兵

硬体防弹衣的防弹层通常采用金属材料、高强度高模量纤维用树脂基复合材料加温加压而成的层压板、防弹陶瓷与高强度高模量纤维复合板制成。采用金属材料的防弹层，主要通过金属材料变形、碎裂来消耗弹体能量。采用高强度高模量纤维用树脂基复合材料加温加压而成的防弹层压板的防弹层，通过分层、树脂基体破裂、纤维断裂来消耗弹体能量。采用防弹陶瓷与高强度高模量纤维复合板的防弹层，当高速弹体与陶瓷层碰撞时，陶瓷层碎裂或产生裂纹并以弹着点为中心向四周扩散消耗弹体大部分能量，随后高强度高模量纤维复合板进一步消耗弹体剩余能量。

软硬复合式防弹衣的面层采用硬质防弹材料，内衬采用软质防弹材料。子弹、破片击中防弹衣面层时，子弹、破片与面层硬质材料都发生变形或断裂，消耗子弹、破片的大部分能量。内衬软质材料吸收、扩散枪弹和破片剩余部分的能量，起缓冲和降低非贯穿性损伤的作用。

各国特种部队主要采用软硬复合式防弹衣。这种防弹衣将软质材料的轻柔与硬质材料的坚硬融为一体，使其具有更好的抗贯穿能力和抗非贯穿性损伤能力。软硬复合式防弹衣既能保护躯干免受碎弹片的伤害，又不会影响特种兵的战斗动作。

身穿防弹衣的特种部队士兵

特种兵穿戴的迷彩服有何作用

迷彩服是各国特种部队广泛装备的服装之一。特种部队的活动区域相当广阔，为适应不同作战区域的地形、地貌特点，特种部队配发的迷彩服往往不止一套。

一般来说，现代军队装备的迷彩服包括丛林迷彩服、沙漠迷彩服、海洋迷彩服、城市迷彩服四类，其余迷彩服大多是这四类迷彩服的衍生产物。其中，丛林迷彩服是最常见的，通常是各国军队的制式迷彩服。沙漠迷彩服在海湾战争时期风靡一时，最初是六色迷彩，后来改为三色迷彩。海洋迷彩服主要供海军陆战队使用，颜色以蓝色系为主，这种迷彩服的形象包装意义往往大于实战意义，一般是为了突出兵种自身特点而设计的。城市迷彩服比较少见，只有少量部队在反恐行动中穿戴。

此外，雪地迷彩服在欧洲国家也很常见，例如，英国、挪威和瑞典等国的特种部队在雪地训练时就会穿着雪地迷彩服，美军特种部队在阿拉斯加州训练时也会穿着雪地迷彩服。不过由于使用范围小，雪地迷彩服在世界范围内并不普及。

特种部队至少会配发一套本国军队的制式迷彩服和一套深色战斗服。无论哪个国家的特种部队，都很重视夜间渗透作战，而在夜间作战必然需要穿着深色战斗服。各国特种部队对深色战斗服颜色的认知略有不同，例如，德国联邦警察第九国境守备队（GSG-9）采用墨绿色系，意大利特别干预组（GIS）则采用深蓝色系，而最受欢迎的还是黑色系，英国特种空勤团（SAS）和法国国家宪兵特勤队（GIGN）都配备了黑色战斗服和黑色面罩。

随着夜间侦察活动的增加以及红外线仪器的进步和普及，特种兵所穿戴的迷彩服不仅需要迷惑敌方士兵的眼睛，还需要"欺骗"敌方的电子仪器，所以迷彩服的设计重点也不再只有色块配置，而是要将红外线对抗技术整合进去。目前，还很少能看到这种以高科技为依托的新型迷彩服的设计和使用情况。

迷彩服设计人员很少有真正穿着迷彩服参加训练和实战的机会，其设计中存在缺陷是在所难免的。因此，一些特种部队还出现了特种兵自行修剪迷彩服的做法，不少特种兵都喜欢将制式迷彩服进行个性

身穿迷彩服的陆军特种部队士兵

化剪裁以满足自身需要。例如，在20世纪60年代就有美国海军"海豹"突击队士兵将"海豹"突击队专用的虎斑迷彩服改回常规的胸前两个口袋、下摆内收，而另外一些士兵则把下边两个口袋拆掉，裁成尺寸适合装弹匣或其他装备的小口袋，视个人习惯缝在手臂、后肩、腰后或者小腿的位置。这样不但可使弹药携行量增加，减轻武装带的负荷，最重要的是，增强了自己的行动灵活性。这种简单有效的方法一直受到美军特种部队的喜爱，而特种部队指挥官考虑到这种做法能增强士兵的战斗力，因此在不影响迷彩服功能的情况下，特种部队指挥官也没有对士兵改动服装的行为进行制止。

身穿墨绿色战斗服的德国联邦警察第九国境守备队成员

特种兵如何选择适宜的吉利服

吉利服是一种军用战术伪装装备，其可以让穿戴者与环境融为一体。它是一种具有神秘色彩的军用装备，也是少数没有制式和制作规格的特殊军用品之一。一般特种兵、狙击手等会因为一些特殊任务穿这种衣服。

吉利服设计制作的基本原则就是"模仿天然植被的外观和颜色"。

一套吉利服若想达到最佳的伪装效果，就必须与周围的环境达到完全的融合，其外观、形式、颜色、色调都要尽可能地接近自然植被，符合地貌景观。即使在同一地区的植物和地貌景观也会因季节的不同而不同，所以伪装也要配合相应的季节来调整色调。

正在穿戴吉利服的特种兵

一套完整的吉利服由里到外包括三部分：①基本服，在肘部和膝部加强缝补的迷彩服或连体衣；②伪装服，由伪装网、人工伪装材料（麻绳、线或布条）两种材料编制而成；③天然伪装材料，即外附于吉利服的天然植物。

身穿后半身全覆盖式吉利服的陆军特种兵

按照覆盖方式，吉利服可分为以下四种。

（1）上半身半覆盖式。即仅对上半身背部进行覆盖，部分延伸到肩部。这种吉利服主要用于轻装上阵、需要简单伪装的任务，或者需要较多运动的地理环境（例如，山地、雪地、沙漠等）。这种吉利服的优点是制作简单、重量较轻，并且利于通风和散热。它的缺点是伪装遮盖率小，暴露概率大。

（2）上半身全覆盖式。即从头部到腰部前后都覆盖，重点伪装上半身。这种吉利服适用于植被遮蔽较浓密的林叶环境，下半身则利用天然植被进行掩盖。这种吉利服的优点是制作简易、成本较低、重量适中，穿戴者可在林地快速移动。它的缺点是伪装不周全，不适用于植被稀少的地形环境。

（3）后半身全覆盖式。即重点伪装人体的背部，有时伪装部位会延伸到肩部或胸部（特种兵通常是趴在地上，所以身体的正面很少伪装）。这是一种最常见的吉利服，适用于草地、落叶堆等隐蔽性较差的植被环境。这种吉利服的优点是隐蔽效果很好，在植被遮蔽稀少的自然环境也能发挥良好的伪装效果。它的缺点是特种兵穿戴后会感到闷热，制作较复杂，成本较高，重量也略重。

（4）全身全覆盖式。即全身伪装，从头部到脚部前后都覆盖。这种吉利服在军事任务中使用的概率很小，多用于民间的狩猎活动或林地监视任务。就伪装效果和覆盖率来说，它是几种吉利服中最好的一种。这种吉利服的优点不言而喻，其缺点是在匍匐前进时极为不便，而且穿着闷热，重量最重，在浓密的灌木林移动容易被树枝钩住。

任何一套吉利服都有利有弊，特种兵必须根据任务的环境、性质和自身的需求，选择合适的吉利服。因此，特种兵在出发前，必须事先了解任务地域的战场环境、地理情况和植被状况等相关信息。

特种兵如何携带沉重的武器装备

特种兵在执行任务的过程中，除了必须携带自身的武器和弹药外，还必须分摊火力支援武器的弹药（例如，机枪弹、火箭弹、单兵导弹等），另外还有各种用途的手榴弹（人员杀伤弹、闪光弹、白磷燃烧弹、烟幕弹、催泪瓦斯等）、炸药包、起爆线、雷管、引爆器、绳索等，这使他们的战斗负荷越来越沉重，再加上必备的敌后生活物资，总重量往往能够达到特种兵自身体重的 3/4。在如此大的负荷下，特种兵根本不可能灵活行动。为此，各国军队发明了战术背心、战术背包等装备以供特种兵携带大量的随身装备。

现代特种部队的大部分战术背心都缝制了许多大小不同的口袋，可以放入弹药和其他相关的战斗用品。早期的战术背心只是将飞行员救生背心的口袋加以改良而成，到了 20 世纪 80 年代中期，在美国海军"海豹"突击队大量使用的情况下，原先的手工改制品发展成了完全根据战斗需求而设计的战斗背心。早期的战术背心大都只是为了携带弹药与武器，之后出现了针对不同用途而开发出来的附加包，以魔术贴、插扣固定，根据每次任务的不同而灵活搭配。战术背心也开始与防弹背心、垂降背心等结合起来。目前，由于制作成本高昂，战术背心仍然是特种部队的专用装备，只有小部分特别挑选的常规部队才会配发战术背心。

除了战术背心外，特种背包、垂挂带、枪背带、特种装备携行袋等也都是特种部队专用的战斗携行具。

配备多种战斗携行具的陆军特种兵

特种部队为何青睐犊牛式步枪

犊牛式步枪，即无托结构步枪，是一种枪机和弹匣位于扳机后方、没有真正意义的后托的枪械结构设计。这种枪械是枪械史上的重大变革，它并不是真正"无托"，而是有一个内部构造更为复杂的"枪托"——机匣。也就是说，去掉了传统的枪托，直接以机匣抵肩射击。这种结构实际上是将机匣及发射机构包络在硕大的枪托内，握把前置，弹匣和自动机后置，从而在保持枪管长度不变的情况下，缩短全枪的长度。这是犊牛式步枪的突出特点。

犊牛式步枪的优点：在相同的枪管长度、有效射程和弹道特性下，缩短步枪整体长度和减轻重量。因此较方便士兵进出装甲车辆，或在装甲车辆内部操作／向外射击；在城镇作战、进入室内环境等狭窄环境，犊牛式步枪在灵活性上也较有优势。这使得犊牛式步枪可以同时兼顾在广阔地形（射程）及在城镇、室内、丛林等狭窄环境（相对短、灵活、快速反应）的需要。犊牛式步枪重心比较靠近士兵身体，使其有较小的转动惯量，所需瞄准时间较短。犊牛式步枪的枪身短，力矩也短，因此士兵较易控制枪身的稳定。有需要时，犊牛式步枪较便于单手携带，有的犊牛式步枪甚至可以单手射击。具备上述优点的犊牛式步枪非常适合特种部队使用。

奥地利 AUG 突击步枪是史上首次正式列装、实际采用犊牛式设计的军用突击步枪。1972 年德国"慕尼黑事件"发生后，各国开始重视特种部队，同时也研发了许多新式武器。1977 年，奥地利军方委托斯泰尔·曼利夏公司研制了 AUG 突击步枪，同年成为奥地利制式步枪。此后，其他国家的特种部队也陆续装备了犊牛式步枪。

装备 AUG 突击步枪的突击队士兵

→ MP5 冲锋枪为何是特种部队的重要标志

提起特种部队，尤其是专司反恐的特种部队，人们自然而然会想到一个个身着黑色作战服、头戴防弹头盔、手持 MP5 冲锋枪的坚毅士兵。从某种程度上来说，MP5 冲锋枪已经成为特种部队的一个重要标志。该枪是德国黑克勒·科赫公司于 20 世纪 60 年代研制的冲锋枪，在 20 世纪 70 年代恐怖分子日益猖獗之时，MP5 冲锋枪有了用武之地，一次次反恐作战中的出色表现，使它誉满全球。

MP5 冲锋枪的性能优良，其射击精度较高，且有十几种型号，能够满足不同作战单位的需要。不同型号的操作原理和方法基本相同，只要熟悉了其中任何一种型号，就能迅速掌握其他型号的操作方法，而且各类零件可根据任务性质不同而互换。此外，MP5 冲锋枪的保养和维修也很方便。

MP5 冲锋枪还有丰富的附件，包括催泪弹发射器、激光瞄准镜等。MP5 冲锋枪的枪机原理，在上膛时要让枪机快速复位，否则很容易复进不到位，因此，MP5 冲锋枪的标准操作方式是先把拉机柄移至拉机柄槽的尾端，装好弹匣后，用手拍下拉机柄，让枪机在复进簧的推动下复位，这种操作方式是 MP5 冲锋枪的特色。

装备 MP5 冲锋枪的德国联邦警察第九国境守备队成员

MP5 冲锋枪射速高、后坐力小、射击精度高，弥补了稍低的威力，这种设计紧凑的武器为世界各地的突击队所选用，它巨大的火力能在很短的时间内打败顽强的敌人，高精度、重装弹匣迅速，很容易就能将弹匣里的子弹打出去。MP5 冲锋枪还

装备 MP5 冲锋枪的法国国家宪兵特勤队士兵

有一个优点就是尺寸小、足够轻巧，这样更适合在室内这种空间不大的地方作战，这使得 MP5 冲锋枪成为特种部队的良配。

自服役以来，MP5 冲锋枪一直是各国特种部队的标准装备之一，在许多反恐行动中都有亮相。其中最有名的是 1977 年 10 月 17 日，德国联邦警察第九国境守备队（GSG-9）在摩加迪沙机场的反劫机行动中使用了 MP5 冲锋枪，4 名恐怖分子均被 MP5 冲锋枪击中，3 人当即死亡，1 人重伤。MP5 冲锋枪近距离的命中精度得到证明，此后，德国各州警察相继装备 MP5 冲锋枪，而国外的军队特别是特种部队也都注意到 MP5 冲锋枪的高命中精度，于是出口逐渐增加。到 20 世纪 80 年代，更是从美国特种部队获得大量订单，成了特种部队的标志性武器。

霰弹枪在特战中有何作用

霰弹枪是指无膛线（滑膛）并以发射霰弹为主的枪械。有一些霰弹枪为了精准度（发射独头弹时）会更换有膛线的枪管。霰弹枪的形状、尺寸与步枪相似，但明显区别是有大口径和粗大的枪管，部分型号无准星或标尺，口径一般达到 18.4 毫米（12 号）。霰弹枪的枪管较粗，子弹粗大，射击的时候声音很大。

霰弹枪是一种古老的枪械，最初主要作为狩猎水鸟，所以被称为"猎枪"。虽然出现时间较早，但是霰弹枪在战争中的表现还是在两次世界大战中。尤其是一战，堑壕战使步兵们需要一种火力强大、反应迅速的枪械，霰弹枪、冲锋枪等武器纷纷出现。

二战后，随着突击步枪、轻机枪、冲锋枪等自动武器的发展，霰弹枪已经不再适合现代战争了，但它在反恐、防暴等领域依旧有着极大的市场。各国警察纷纷将霰弹枪列为制式装备之一，它的大口径可以用来发射各种非致命性弹药，包括豆袋弹、催泪弹等，并能产生极大的枪口动能；也可发射大口径的高能量实心弹头，可用来破坏门、窗、木板或较薄的墙壁，使警员可以快速进入匪徒巢穴或者劫持人质的场所，因此成为特警部队甚至军方特种部队重要的破门工具。

20 世纪 60 年代，因为开发了易于抛壳和重装的塑料和纸制霰弹壳，一些霰弹枪改为类似半自动步枪及左轮手枪的供弹方式，部分型号甚至在具有连射能力的同时仍保持泵动机构以适应不同弹药，还有些使用无托结构，或者有可折叠或伸缩的枪托。到 20 世纪 80 年代，更推出形状与突击步枪相似、采用可拆式弹匣的全自动霰弹枪。此后，有新式的弹药如集束箭形弹和钨合金弹丸问世，大大提高了霰弹枪的精度和贯穿能力。

目前，霰弹枪主要供特种部队在以下情况使用。

（1）近距离战斗。霰弹枪的射程在 100 米左右，降低了因跳弹或贯穿前一目标后伤及后面目标的概率。所以霰弹枪特别适用于丛林战、山区战、巷战及保护机场、海港等重要基地和特殊设施。

（2）突发战斗。霰弹枪具有近距离火力猛、反应迅速，以及面杀伤的能力，故在夜战、遭遇战及伏击、反伏击等战斗中能大显身手。

（3）防暴行动。发射催泪弹、豆袋弹、橡胶弹的霰弹枪可以用来驱散聚众闹事的人群，抓捕犯罪分子。

（4）需要保全目标性命的战斗。霰弹枪的多弹丸子弹会将冲击力分散到每一个弹丸上，而球形弹丸的穿透力和持续飞行能力较弱，在相对远的距离击中目标时弹丸往往无法造成足够致命的穿透伤害，但能让目标丧失行动能力。当然，霰弹枪在近距离作战中有着高效的致命性。

正在使用霰弹枪破门的特种兵

装备霰弹枪的特警

拐弯枪为何被称为"巷战神器"

拐弯枪是一种绕过拐角观察和射击目标的高技术武器系统，作战人员身体的任何部分都无须暴露在外面，从而起到了保护作战人员的作用。

拐弯射击武器的应用开始于一战时期。在一战的西线战场，堑壕战逐渐成为主要的战争形式。士兵利用战壕和掩体进行隐蔽，然而，在隐蔽自己的同时，也遮挡了自己的视线。为了使瞄准射击时士兵的脑袋不暴露在敌人的火力之下，在战壕潜望镜的启发下，英国人发明了最原始的战壕潜射步枪。真正意义上的拐弯枪最早诞生于德国。一战后期，德国研制了一种带有弯度的管套，这种管套可以套在步枪的枪口上使用，套管与枪管用木柄固定。

2003年12月，以色列墙角射击公司推出了现代化的拐弯枪，其设计者为以色列国防军陆军中校阿莫斯·戈兰。该枪接受了以色列军方的检测，并被英国陆军特种空勤团率先采用。之后，拐弯枪陆续被其他国家的特种部队和执法机构采用。

以色列研制的拐弯枪由两部分组成：前半部分包括一把手枪和一个彩色摄像头；后半部分包括枪托、扳机和监视器。两部分通过一个设计巧妙的折页装置连接，因此前半部分既能向左转，也可以向右转。枪手用一面墙挡住自己的身体，把枪伸出去，就能通过监视器清楚地看到拐角另一侧的情况。枪托部分的扳机可连动手枪的扳机，保障正常射击。

枪管上的彩色摄像头拆装十分方便，使用者还可以选择不同的镜头；监视器有十字瞄准指示，便于枪手精确瞄准。此外，它还有军用光源、红外线激光指示器、消音器、灭焰器等多种配置。全枪采用防尘防水设计，坚固耐用。枪的前半部能够与世界上的大多数自动手枪装配使用。除了能够在墙角处射击以外，拐弯枪还适合在门、窗、机舱门等最容易发生枪战的地方使用。

在街巷中使用拐弯枪的特警

拐弯枪设计非常合理，操作比较简单，一般射手稍加训练便能掌握拐弯枪射击要领，熟练射手1秒内就能连续完成拐弯、瞄准、射击动作，并命中10米处目标。该枪射击部分使用手枪，既能减小后坐保证精度，又满足了城市作战近距离射击的战术要求。手枪的有效射程通常是50米，而城市特战射击距离大都在20米以内，室内射击距离有时只有几米，而这正是手枪快速精确射击的距离。拐弯枪可用枪托抵肩射击，前架拐弯后有后坐抑制器缓冲，实弹射击的命中精度较高。

　　拐弯枪可使作战人员不用暴露在敌方火力之下，并显著增强其收集信息和传送作战信息的能力，在敌人的瞄准线外定位并攻击目标。而且拐弯枪可向四周转动枪头，快速移动到射击位置，手不需要离开武器，从而缩短反应时间，提高突然交战时的射击精度。

　　继以色列之后，其他一些国家也纷纷开始研制拐弯射击武器。例如，美国研制的"蝎子"拐弯枪，它既可以通过伸缩杆使枪在3米高的空中平行或向下射击，也可以通过摄像头帮助特种兵和特警侦察敌情，为作战行动提供可靠的实时情报。

手持拐弯枪的海军特种兵

防弹盾牌能起到多大作用

　　虽然战争的形式会随着时代的发展而不断变化，但是战争中的两种基本手段却从未发生改变，那就是攻击和防守。一般来说，攻击的提升空间大，而且主动性较强，军队都喜欢在提升攻击力上下功夫，例如，研制各种大威力的武器，核弹就是其中的代表。但是防守同样也很重要，除了各种作战车辆上的防护装甲外，士兵的个人防护装备也和生命安全密切相关。盾牌是流传最久的一种防护装备，在各种枪械大行其道的今天，其仍有一定的用武之地，最常见的就是特种部队的防弹盾牌。在很多行动中，特种兵除了穿戴防弹头盔和防弹背心外，也可以看到他们手持防弹盾牌的画面。

　　盾牌最开始是用来抵挡箭矢的射击和刀剑劈砍的，只要有一定的坚韧度和硬度就能实现这些功能。但是子弹的冲击力很大，传统的盾牌基本上没有太大的防护效果，所以现在特种部队手里拿的盾牌，其实都是各种复合材料制作而成的，防护性能有了很大的提高。不过，防弹盾牌面对大规模的炮火袭击时还是无能为力的，所以其只能用于小规模的特战当中，为特种兵提供防护帮助。

我们在影视剧中经常会看到这种镜头，特种兵举着防弹盾牌在枪林弹雨中穿梭，那么现实中的防弹盾牌真有那么结实吗？它能否在近距离作战中承受手枪子弹甚至步枪子弹的冲击？

事实上，现实生活中的防弹盾牌大多只能承受帕拉贝鲁姆手枪弹的射击，这已经能满足大部分警察

配备防弹盾牌的特勤队三人小队

和特种部队的作战需求。对于威力较大的步枪子弹，防弹盾牌很难抵挡它的近距离射击。以 AK-47 突击步枪为例，其子弹出膛以后的动能达到了1989 焦耳，一般的防弹盾牌最多可以承受1800 焦耳的子弹射击，

特警队装备的防弹盾牌

可以说，大部分防弹盾牌都挡不住步枪的近距离射击。

值得一提的是，现代防弹盾牌通常会有一个有趣的细节，它上面有一个明显的、红色的正方形或圆形标记。这是一个非常实用的设计，在特战中，防弹盾牌上的这个标记会让敌人本能地注意到它，并对其进行射击，而它是盾牌中最坚固的部分。特种兵的身体突出部分与防弹盾牌合为一体，

红色标记吸引敌人的大部分火力，这意味着特种兵受伤的概率极大降低。

　　红色标记是由反光材料制成的，敌人如果使用手电筒，它会反光令其短暂失明。而在光线不足的房间里，在反光材料的帮助下盾牌后面的所有空间都会变成漆黑一片。敌人在高度紧张的情况下，突然看到前面有一个显眼的东西出现，可以肯定的是，毫无准备的他们一定会对着它展开射击。当然，这个红色标记不一定次次都能奏效，但它至少为特战的成功增加了一些机会。

室内近距离战斗会使用哪些装备

　　室内近距离战斗（CQB）属于非传统、非正规的作战方式，适合在城市地区进行特战的军警单位使用。在特战中，CQB 训练是极为重要的一环。在先进国家中，无论是常规部队还是特种部队均有 CQB 的训练课程。此外，CQB 是高危险性的战斗方式，许多部队会针对 CQB 研发专用的装备。

　　（1）震撼弹。它能瞬间发出强光与巨响，让敌人瞬间失去知觉却不会伤害人质性命。震撼弹有单响与多响之分，可因任务性质不同而选配。例如，英国陆军特种空勤团有九响震撼弹，是密闭的室内最常使用的武器。

　　（2）催泪弹。它能释放大量刺激性催泪瓦斯，这种瓦斯具有腐蚀性，在接触五官及皮肤时会产生剧痛而使敌人瘫痪，也是密闭的室内最常使用的武器。

　　（3）单向炸药。它能瞬间破坏障碍物（例如，坚固的大门），并能够达到震撼效果，让敌人心生畏惧。但是只适用于空旷地区，因为如果在封闭的室内使用，极可能因为爆破产生的瞬间负压而造成己方士兵的伤亡。

　　（4）防毒面具。它能够抵抗催泪瓦斯、烟雾或其他腐蚀性气体。

　　（5）暗色系防火连身服。大部分 CQB 都在暗处进行，暗色系衣服具有伪装效果。在室内极易产生高热或爆炸，防火材质能够保障士兵生命安全。

（6）格斗手套。它能够抵抗刀割，方便夺取敌人刀具。指节外加装硬质碳纤维层，避免攻击时伤及自己指骨。

（7）防火头套。它具备防火及抗腐蚀性功能，以保障头部安全。将脸套住也能掩饰身份，避免敌人事后报复。在与敌人面对面近距离战斗时，能够遮住自己害怕或紧张的表情，并能令敌人心生畏惧。

（8）特勤鞋。它具有轻量化、防火、静音、高抓地力等特点。

（9）防爆风镜。它能够抵抗碎裂的弹

进行CQB训练的陆军特种部队士兵

特种部队士兵参加CQB训练

片与震撼弹的闪光，同时也能抵挡突如其来的眼部攻击。

（10）护肘与护膝。士兵在CQB训练中极易跌倒，尤其在室内战斗中常需要攀爬与垂降。护肘与护膝可在跌倒时保护关节部位，以免失去作战能力。

（11）战术背心。CQB的诸多限制条件使得士兵无法携带太多重型装具，战术背心应运而生。除可携带弹匣、震撼弹、无线电、急救包、水袋之外，还可配合任务需求选配其他装备。

（12）侦察装备。用来搜集敌人情报的相关装备，如热成像仪、门缝监视器、单向麦克风和激光测距仪等。

特种兵装备的战术刀有何作用

特种部队具有编制灵活、装备精良、机动快速、战斗力强等特点，经常执行各种危险的任务，这就要求特种兵具备在各种复杂条件下应对层出不穷的危险的能力。因此，除了各种热武器外，以战术刀为代表的冷兵器也是必不可少的装备。特种兵装备的战术刀必须具备结构紧凑、便于携带、坚固结实、锋利无比等特点，其主要作用有以下几点。

（1）杀伤敌方人员。在执行秘密任务时，特种兵可能会意外遭遇敌人，在不能使用枪械、不能惊动敌人或者近身搏斗的情况下，战术刀就是最好的武器。

（2）自救。在遇到飞机发生意外或者降落伞被树枝挂住等危险状况时，战术刀可用来割断缠绕在特种兵身上的障碍物，如电缆、绳索等，用于自救。

海军突击队使用的 SOG 战术刀

（3）保障任务的顺利执行。特种部队时常需要在各种恶劣的环境下执行任务，战术刀在这种环境中有着无可比拟的优势。例如，在茂密的丛林中，可用来披荆斩棘，开辟道路；在野外休息时，可锯断或者砍伐树木用来搭设帐篷；在渡河时，可砍伐竹木，用来制作船只等渡河工具；在没有食物等后勤补给保障时，可用来挖掘各种陷阱，捕杀野生动物，挖取植物茎果等，以保障任务的顺利执行。

可见，战术刀对于特种部队来说，具有非常重要的作用。一般而言，特种部队所使用的战术刀不会采用折叠设计，刀身与刀柄一体化更加坚固耐用，手柄部分则通过安装木柄、增加凸凹来防止脱落，在刀身开有血槽，以便刺入目标后顺利拔出。

特种部队为何仍在使用弓弩

弓弩是冷兵器时代重要的远程射击武器，在我国数千年的古代战争中被大量运用，直到火器出现，弓弩才慢慢退出了军事舞台。随着恐怖主义的蔓延，弓弩又在特种部队中焕发了新生。

众所周知，枪械虽然威力大、射程远，但是始终避免不了噪声、喷焰和硝烟的问题，即便是微声枪械也无法完全避免这些问题，而且微声枪械在夜间射击时，其喷焰更加明显，同时硝烟还会带来气味，导致特种兵暴露行踪，而弓弩这种古老的冷兵器却不存在上述问题。也就是说，弓弩具有无声作战的优势，所以受到特种部队的青睐。

现代军用弓弩拥有张弦结构，可以延时发射，将传统弓箭需要一气呵成的开弓放箭分为装填和发射两个独立的部分。这样特种兵在上弦时无须同时瞄准，在箭矢装填完成后，有充裕的时间瞄准目标和寻找最佳发射时机，从而极大提高射击的命中率。此外，大量装填好箭矢的弓弩可以同时发射，在短时间内形成密集的火力。弓弩使用简便，因为是直射的关系，特种兵不需要或只简单的训练即可掌握。

装备弓弩的特种兵（前排右二）

对付恐怖分子，强杀伤性武器往往派不上用场，而软杀伤性武器却大有用武之地。军用弓弩具有无光、无声等隐蔽优势，能够悄无声息地杀敌于无声，同时还能避免煤气、油罐等易燃易爆物品的爆炸，将恐怖事件迅速扼杀在萌芽状态。

　　现代军用弓弩虽在形态上类似于传统弓弩，但借助新技术的改良升级，性能和威力已有了颠覆性的提升，特别是上弦困难的问题得到了充分解决。目前，世界各国已有不少特种部队将弓弩列为制式武器，让这种源自古代的冷兵器重返信息化战场，在特战中发挥着其他技术装备所不能替代的作用。

　　除了弓弩外，一些特种部队还装备了军用弹弓。这种装备主要用于丛林作战，悄无声息地获取猎物充饥，避免枪械射击时发出声响，同时也可以使用毒针对敌人发起悄无声息的袭击。此外，军用弹弓还可以作为微型无人机的发射装置使用。

特种部队如何使用夜视装备

　　古往今来，各国军队都很重视利用夜幕掩护，夺取白天难以取得的战果。二战时期，美军就经常在夜间遭到日军的袭击。时至今日，夜战已经成为战争的主要作战形式。优势一方凭借先进的夜视装备，可以实现夜战场"单向透明"，全面掌控夜战的主动权。对于需要秘密行动的特种部队来说，夜间作战能力更是一项至关重要的能力。例如，美国海军"海豹"突击队主要在夜间执行任务，所以对成员的视力要求很高。

　　各国特种部队为了增强夜间作战能力，都会装备先进的夜视装备。在夜暗环境中存在着少量的自然光，如月光、星光、大气辉光等。因为它们和太阳光比起来十分微弱，所以又称为"微光"。人眼视网膜的感光灵敏度不高，在微光条件下不能充分"曝光"。这是造成人类在夜暗环境中不能正常观察的一大原因。夜暗环境中，除了有微光存在外，还有大量的红外光。世界上一切物体每时每刻都在向外发射红外线，所以无论白天还是黑夜，空间都充满了红外线。但红外线不论强弱，人眼都不能看到。夜视装备就是利用微光和红外线这两个条件，把来自目标的人眼看不见的光（微光或红外光）信号转换成为电信号，然后再把电信号放大，并把电信号转换成人眼可见的光信号。这种转换是一切夜视装备实现夜间观察的共同途径。

　　目前，各国特种部队使用的夜视仪分为主动式和被动式两种。前者用红外探照灯照射目标，接收反射的红外辐射形成图像。后者不发射红外线，依靠目标自身的红外辐射形成"热图像"，故又称为"热像仪"。

主动式夜视仪不受照度的限制，全黑情况下也可以进行观察，且效果很好，价格便宜。不过，主动式夜视仪的观察距离近，在观察时很容易被敌方发现，从而暴露自己。被动式夜视仪是根据一切高于绝对零度以上的物体都有辐射红外线的基本原理，利用目标和背景自身辐射红外线的差异来发现和识别目标的仪器，各种物体红外线辐射强度不同，从而使人、动物、车辆、飞机等清晰地被观察到，而且不受烟雾、树木等障碍物的影响，白天和夜晚都能工作。

以美国为例，美军特种兵配备的主要夜视装备为AN/PVS-14夜视仪。该夜视仪仅重0.4千克，观察距离为150米，既可安装到头盔上用单眼观察，也可手持观察或安装到步枪上。不需要的时候，特种兵可以轻易将其从头盔上取下来。独特的防水设计使其可以在20米深水下使用。

值得一提的是，夜视仪是一种精密而脆弱的仪器，必须小心保护，以免影响作战行动。夜视仪忌在亮光下使用，虽然夜视仪在超载时会自动切断回路来保护设备，但暴露在强光下会缩短夜视仪的使用寿命。而暴露在雨雪等高湿度环境中也会损坏夜视仪。出于在晚上使用考虑，夜视仪的设计使它可以承受短时间的强光或潮湿状况，但无法长时间使用。另外，夜视仪中有非常精密的真空管，要注意防止撞击。

特种兵装备的 AN/PVS-14 夜视仪

在夜间作战的海军突击队士兵

→ 特种部队使用的战术灯有何特点

自古以来，利用黑夜作战就是重要的战术手段，在特战中同样如此。人体从外界获取的信息中，70%的来自视觉。在黑暗或弱光环境下，特种兵的视觉受限，必须借助特定的夜战装备，也就是战术灯。

所谓战术灯，就是专门安装在枪身上使用的电筒。只要安装了战术灯，就不用一手持枪，一手拿电筒了。战术灯并不适合执行一般战斗任务的部队使用，因为晚上在野外开灯很容易暴露自己的位置。但对于需要在城市暗处执行任务的特种兵来说，就很适合使用战术灯。

最初装备在武器上的强光战术灯称为卤素战术灯，它是在手电筒基础上进一步强化照明功能的产品。主要措施有：采用稀有金属做灯丝并高精度缠绕；采用具有耐高温，抗压力特性的石英玻壳，内充高压高纯度的卤素气体——氙气，使战术灯的光效可以达到每瓦 25 流明和接近 3500K 的色温。

人类主要在白天活动，因此眼睛进化为在白天有良好的分辨能力。在对黑暗中的物体实施照明时，越接近日光的色温，人的视觉分辨力就越强。而卤素战术灯的色温在 2500～3500K，受原理限制，已经无法再提升，所以并不是理想的光源。

常见战术灯与半自动手枪的尺寸对比　　安装在突击步枪导轨上的战术灯

相比之下，发光二极管（LED）与高压气体放电灯（HID）的色温则都在 6000K 以上，目视中都已是纯白色的光芒，在同样的亮度下，这两种光源的分辨效果都比卤素灯光更好。目前，世界各国军队的战术灯主要采用 LED 光源。将 LED 光源运用于战术灯，需要精确的数码恒流技术来提升发光效率与降低热损耗，所以其技术难度要高于传统的卤素战术灯。但 LED 光源有每瓦 30 流明的光效与高达 6000K 的纯白色温，以及超长的使用寿命，所以它是比较理想的战术灯光源。至于 HID 光源，由于技术复杂、成本高昂，所以仅仅停留在大型搜索灯的平台上，除美国军队少量配备外，其他国家的军队极少采用。

战术灯是与冲锋枪、自动步枪配装，因此其特殊的工作状态对灯本身的抗震动、抗冲击性有很高的要求。

→ 特种兵如何避免因镜片反光而暴露自己

在特战中，不少特种兵因为他们手中的望远镜、步枪上的瞄准镜所反射的光线暴露了自身位置，导致人员的伤亡、行动的失败。传统的防反光方式是在镜片前套上一个圆筒形的遮阳罩，不过遮阳罩较长，使用并不方便，特别是在当前突击武器越来越轻巧的趋势下，很容易影响特种兵的作战效果。

为此，美国坦尼伯纳克斯公司研制了一种光学器材防反光装置，其注册商标为"Kill Flash"，意为"杀死闪光"。这种装置的隐蔽性使它一面世就获得美国军方的青睐，美军特种部队最先在他们的先进战斗光学瞄准镜（ACOG）上安装了这种装置。之后，美军常规部队也都采用Kill Flash 作为防反光装置，装在望远镜和瞄准镜上。

根据各种光学器材的规格，Kill Flash 有着不同的尺寸和重量，但基本结构都一样。Kill Flash 其实也是采用传统的遮阳原理，但是结构和材料比较新颖。它是在一个较短的铝筒内装上一个用树脂材料加强的蜂巢形多孔圆板制成的。当光线透过这些小孔射到镜面上时很难形成强烈的大面积反光，就如同在镜片前装上无数个微小的遮阳罩一样。

Kill Flash 防反光装置

海军陆战队特种兵在狙击步枪瞄准镜上安装 Kill Flash 防反光装置

Kill Flash 主要用于防止望远镜和瞄准镜等光学器材的反光，避免暴露士兵的位置。根据官方的宣传资料，以一个直径为 74 毫米的 M144 型狙击手观瞄镜的镜片为例，一个 Kill Flash 的效果相当于一个 889 毫米长的传统遮阳筒的效果。Kill Flash 不会降低望远镜和瞄准镜的分辨率，没有大量的光损失，还能起到普通镜头盖的作用。

恐怖分子为何钟爱简易爆炸装置

21 世纪以来，恐怖事件在全球有增无减，而且组织计划更加严密，手段更加多样，而这其中最为常见的就是恐怖分子屡试不爽的简易爆炸装置（Improvised Explosive Device，IED）了。不论是西班牙马德里爆炸案，还是英国伦敦爆炸案，IED 都是罪魁祸首。

恐怖分子之所以喜欢使用 IED，主要是因为它具有以下几个特点。

（1）制造简单，制造成本低。IED 取材广泛，用普通炸药和 C4 等军用炸药均可制造。其引爆也有多种方式，遥控、定时、触点、人工起爆等均可，灵活性强，机动性强，常令人防不胜防。

（2）威力巨大。IED 的装药量通常较大，其爆炸瞬间能够造成巨大的人员伤亡和设备的损伤，具有极其巨大的威慑力量。在巴以冲突中，曾经有一辆以色列的"梅卡瓦"主战坦克被掀翻，爆炸的巨大气流贯穿坦克底部，将炮塔炸飞十几米远。IED 威力巨大，防不胜防，只有经过专门设计的防地雷反伏击车（MRAP）才能在炸弹密布的公路上行进。这类车辆的车身离地至少要有 75 厘米，并加装 V 形防爆底盘。

海军扫海潜水员分队士兵正在检查简易爆炸装置

（3）易于伪装。尽管 IED 的形状和式样各不相同，但它们都拥有共同的一套组件：起爆系统或引信、炸药填充、雷管、雷管电源及容器。随着制作技术越来越先进，对 IED 通常难以发现和加以防护。

（4）战术奇袭性。在战场上，战车攻击前的震撼声，或炮弹落地前所发出的响声，都会让人有作战的心理准备。然而 IED 瞬间突然爆炸，也弄不清楚敌人在哪里，具有强烈的战术奇袭性。IED 引爆方式有数十种，其作用类似诡雷，令人防不胜防。

（5）战略影响性。恐怖分子将 IED 爆炸现场制作成视频，在网络或电子媒体播放，对反恐部队和普通民众造成心理冲击，影响政府反恐的意志与决心。

特种兵遭遇简易爆炸装置

→ 如何使用仪器探测爆炸物

在日益增多的国际恐怖袭击中，非常规的简易爆炸装置已成为恐怖分子倚重的武器。相应地，爆炸物探测技术的研发和应用，也变得越来越重要。

目前，世界各国正在加强对重要场所如要害部门、机场、铁路、地铁的防爆安检。按照技术原理不同，探测技术可分为 X 射线探测技术、电化学探测技术、电磁探测技术、中子探测技术等，实际应用则有 X 射线安全检查设备、离子迁移谱探测设备等。

X射线安全检查设备和离子迁移谱探测设备是目前最常用的两种爆炸物探测设备。前者的典型代表就是双能CT检查设备，它可以利用两种不同能量的X射线对物体进行成像，能够精确得到物体的构成比例。与传统X射线相比，双能CT能围绕被检查物断面作旋转扫描探测，计算机根据采集到的360°投影信号重构图像，有效识别隐藏物体，提高对爆炸物的探测率。

正在探测简易爆炸装置的士兵

士兵正在学习探测爆炸物

离子迁移谱一般通过图谱上不同位置的尖峰区分不同的物质，被广泛应用于测定痕量的化学武器、毒品、爆炸物、空气污染等。而面对自杀式炸弹中的新材料——三过氧化三丙酮（TATP），非放射源离子迁移谱探测仪被认为更有效。TATP不含硝基，因此不能被硝基炸药探测器检出。新型离子迁移谱探测仪既可检测出常规硝基炸药，也能实现对自制炸药TATP的快速检测。

目前，常用防爆设备都是近距离使用，有些还是接触式的，会对周边人员安全造成威胁。因此，研发一种安全、有效、隐蔽的远距离防爆探测技术极为必要。远距离探测，一般设备与人员距目标物几米到100米，潜在危险小，隐蔽性高。从技术研发上看，主要有激光光谱检测、太赫兹与毫米波等技术。

未来，方便携带的等离子体激光传感器，将是爆炸物探测技术研发和应用的新趋势。例如，美国加州大学伯克利分校研发了一种超高灵敏度的等离子体激光传感器，可以检测出极其微小浓度的爆炸物，能有效地探测那些被恐怖袭击广泛使用前难以探测出来的爆炸物，被认为有潜在的应用前景。

拆弹机器人的工作原理是什么

在机器人的诸多应用中，拆弹无疑是最危险的任务之一，危险潜藏在拆弹过程的每个动作中。拆弹机器人已经被用于安全拆除爆炸装置40多年，它们已经执行过成千上万次的拆弹任务。然而，"拆弹机器人"这个名称并不准确，因为它们并非真正意义上的机器人。

机器人的定义是能够自动执行连续复杂任务的机器。而拆弹机器人不能根据情境做出决定，也无法自主操作。相反，拆弹机器人更准确的定义应该更像无人机，因为它们需要人类操作员远程控制。在英国军队中，操作这些机器人的人被称为远程"拆弹专家"或"炸弹医生"。他们可以操作机器人对爆炸装置进行近距离检查，不会让自己或其他人陷入危险。检查之后，机器人还可以拆除炸弹。拆弹机器人不仅可以拆除炸弹，还可以拆除任何可能引爆的装置，包括地雷及未爆炮弹等。

现代拆弹操作的关键是去除爆炸装置的引线，让炸弹处于无法引爆的状态，拆弹机器人通常通过携带的高压水射流切断电线实现这个目标。爆炸装置通常需要电源引爆，阻断电线意味着其电路遭到破坏，从而无法引爆。可是，有些装置还有备用系统，若炸弹受到改动即会发生爆炸。这就是为何拆弹通常需要机器人进行。

操作人员在安全距离外控制拆弹机器人，通过机器人身上携带的摄像头，他们可以看到机器人看到的东西，摄像头会将机器人的视觉影像传到操作人员的显示器上。通常情况下，机器人的前端安装有摄像头，操作员可以看到机器人的行进方向。机器人的制动器臂上也安装有摄像头，可提供其周围区域更广泛的视角。

原始的拆弹机器人需要许多绳索控制。但随着技术进步，电信电缆可被用于向机器人的电子系统传输指令。不过，电缆只能为拆弹机器人提供有限的操作半径。此外，电缆也可能与目标对象纠缠起来，就像使用真空吸尘器或橡胶软管那样。现在，大多数拆弹机器人都通过无线通信系统控制。尽管这大大增加了它们的操作范围，但也可能导致它们遭到黑客攻击。

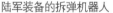
陆军装备的拆弹机器人　　　　　　　工作中的拆弹机器人

拆弹机器人自从诞生以来，它的设计就发生翻天覆地的变化，但其核心思想依然保持未变。随着技术进步，拆弹机器人变得越来越小，功能越来越强大，但其依然需要人类控制，并配有用于处理可疑装置的手臂。

从移动性能方面来看，拆弹机器人配有类似坦克的链式履带，有的也配有 6 个以上的轮子。这令拆弹机器人可以翻越崎岖地形，有的甚至可以爬楼梯。拆弹机器人的手臂令其多才多艺。大多数拆弹团队都携带可以配合拆弹机器人使用的不同工具，这令机器人可绕过不同障碍，包括使用线切割机切断铁丝护栏等。鉴于拆弹机器人主要在各种恶劣环境下操作，它们需要能够抵御相当程度的伤害。

拆弹机器人形状大小各异，包括能够携带士兵背包并将其扔到建筑顶部的小型背包机器人，可乘坐在割草机上、配备 X 射线装备和爆炸探测器的机器人等。最初，这些机器人的控制十分复杂，需要接受特殊训练。但是现在，拆弹机器人的操作已经大大简化。

随着机器人和遥控技术的进步，拆弹机器人适应周围环境的能力将越来越强。许多正在研发的原型拆弹机器人能够翻墙，能够使用机器手臂打开车门。此外，科学家们还在研发特定功能的机器人。它们可以组队行动，例如，有的可以嗅探爆炸物，有的则专门负责拆除。随着拆弹机器人技术的改进，它们在特战中发挥的作用也将越来越大。

海军特种兵会使用哪些水下武器

水下武器是海军特种兵在水下保护自己、消灭敌人、完成任务的重要工具，根据工作原理的不同，海军特种兵所需要的水下武器主要包括水下枪械、水下爆炸装备、水下非致命武器和水下刀具等。其中，水下枪械是最重要的一类。

SPP-1 水下手枪及其子弹

水下枪械是供海军特种兵使用的进攻与自卫性单兵武器，主要作战用途是杀伤水下或陆上近距离有生目标，以及应对其他水下危险物的威胁。水下枪械包括水下手枪和水下突击步枪两大类。

目前，世界上最具有代表性的水下枪械是俄罗斯的水下突击步枪和水下手枪。早在 1971 年，苏联便

装备 ADS 水、陆两栖突击步枪的海军特种兵

率先研制成功了 4.5 毫米 SPP 水下手枪系统（后改进定型为 SPP-1），随后又研制成功了 5.66 毫米 APS 水下突击步枪系统。SPP-1 水下手枪和 APS 水下突击步枪均具有重量轻、结构紧凑、射弹有效杀伤距离远、穿透力强等优点。目前，SPP-1 水下手枪和 APS 水下突击步枪仍是世界上性能较好的水下枪械之一。

SPP-1 水下手枪和 APS 水下突击步枪也存在着不小的缺陷，与传统武器相比，箭形枪弹在空气中对目标的有效杀伤距离过短，因此，特种兵在执行两栖任务时除了要携带一支水下步枪外，通常还要携带一支传统的单兵武器在岸上或船上使用，导致特种兵行动起来十分不便。为解决这一问题，俄罗斯采用了一支步枪发射两种弹药的设计思路，推出了ADS 水陆两栖突击步枪。在陆地上，ADS 水陆两栖突击步枪使用的是5.45×39 毫米步枪弹，射程可达 500 米。在水下，该步枪使用的是一种尺寸略小的子弹，在距离水面 30 米的深度，可以击中 25 米之外的目标。

美国研制的水下子弹有何特别

2019 年，有媒体报道，美国 DSG 技术公司正在研发一种被称为"CAV-X"的水下子弹。这种新型专用子弹可以让美国特种部队在水下使用武器射击，从而与敌方的潜水员及其水下航行器交战。传统子弹在水下没什么杀伤力，而这种新型子弹的工作原理是形成一个包裹子弹的气泡，减小子弹在行进中受到的物理阻力，使它能够在水下加速前进。这种技术被称为"超空泡"，采用这种技术的俄罗斯"暴风"鱼雷的速度是常规鱼雷的 5 倍。

DSG 技术公司将 CAV-X 超空泡弹药称为"多环境弹药"。该公司负责人表示："这种弹药能够有效打击水下目标和空中目标。根据武器的不同而使用不同的型号，这种弹药适用于部分或完全水下的武器，不管目标是在水下还是在水面。"

按照定义，超空泡物体必须产生一个气泡来包裹住这个在水中行进的物体。因此，DSG 技术公司的子弹必须以某种方式产生包裹子弹的气泡。一种可能性是，子弹以某种方式利用火药燃烧产生的炽热而膨胀的气体来形成一个超空泡气泡。

DSG 技术公司正在研制两种子弹。一种 A2 型子弹用于从空气中向空气中的其他目标或水下目标射击。另一种 X2 型子弹则是为"战斗蛙人"和水下特种部队设计的。此外，这些子弹的武器规格显示，它们是为美国特种部队现在使用的武器设计的。这将使美军能够在水上和水下使用同样的武器。相比之下，俄罗斯特种部队装备的 APS 突击步枪在水下表现出色，但在水上则表现稍差。

DSG 技术公司研制的水下子弹具有较高的精度：在 50 码（约 45.5 米）距离上，从 M2 卡宾枪发射的 X2 型子弹的精度为 2 角分。2 角分相当于 100 码的误差不超过 2.1 英寸（约 5.3 厘米），所以这种子弹在 50 码以内不会偏离目标超过 1 英寸。鉴于常规水下子弹在入水不到 1 米就开始翻滚并失去一切气动效能，这样的精度是令人惊叹的。

未来，超空泡子弹将成为水下特种

展览中的 CAV-X 超空泡弹药

部队装备的重要补充。美国海军"海豹"突击队和其他特种部队（在水下）将不再局限于与敌人进行白刃战，而是有了另一种可以使用的武器。

→ 海军特种部队有哪些潜水装备

目前，许多国家都组建有海军特种部队，如美国海军"海豹"突击队、英国海军特种舟艇团、意大利海军战斗潜水员部队等。这些特种部队的士兵经常需要潜水，以便执行水下渗透、爆破、排雷、侦察、破袭、水下警卫等任务。因此，他们需要配备先进的潜水装备。

潜水装备是水下生存的必需设备，也是海军特种部队的关键装备。潜水呼吸器是潜水装备的核心部分，按照呼吸气体的回路不同，可以分为氧气闭式循环潜水器、半闭式循环潜水器、混合气闭式循环潜水器三种。

氧气闭式循环潜水器气体利用率高，水下使用时间长，隐蔽性好，但是使用深度受限，一般最大安全工作深度为 7～8 米，使用要求较高，维护保养较为复杂，单价较高。

半闭式循环潜水器的优点与氧气闭式循环潜水器相似，而潜水深度可以比氧气闭式循环潜水器更大，最大深度可达 50 米，但是其气体利用率低于氧气闭式循环潜水器，隐蔽性也不及氧气闭式循环潜水器。

　　混合气闭式循环潜水器的主要优点是气体利用率很高，隐蔽性好，工作时间长，潜水深度可以很大，使用氦氧混合气时最大工作深度超过100米。主要缺点是使用要求高，维护保养复杂，价格也较高。

　　以美国潜水和水下设备制造商DVEX公司研制的隐秘系列混合气体呼吸器为例，它是一种先进的水下生命支持系统，采用了置于耐压盒内的电子控制和微处理器监视模块，使氧气供应能保障特种兵的呼吸和代谢率。特种兵面罩和右手上的显示器还能显示当前平均气体比例、深度、已潜水时间、氧气和稀释气体成分、电池状态和警告信号。

身穿潜水装备的海军特战战团士兵

执行水下渗透任务的海军战斗潜水员组士兵

除潜水呼吸器外，海军特种部队水下行动所需要的潜水配套性器材还有浮潜呼吸管、脚蹼、潜水服、浮力背心、深度表、压力表、潜水表等。其中，潜水服分为轻潜水服和重潜水服两类。轻潜水服又可分为两种：一种是干式潜水服，特种兵的身体不与水接触；另一种是湿式潜水服，水可以浸过潜水服同身体接触，但水不能在体表流动以达到保暖目的。在封闭潜水头盔后，重潜水服可形成一个密闭的气体呼吸空间，使特种兵与水完全隔离，并可通过改变密闭空间的大小来调节浮力，从而控制特种兵在水中的沉浮。随着潜水深度的增加，人体所承受的水压越来越大，为了使人体与潜水服之间形成一层气垫，以防止水压对身体造成挤压伤，干式潜水服胸部设有一个与气瓶相连的充气装置，通过该装置可向潜水服中充气，使潜水服内外压力保持平衡。

美军正在研制的先进技术防护服（ATES）可保护特种兵潜水 8 小时或陆地活动 5 天，能多次不间断地在水下和地面环境中安全转换。英国的轻型干式潜水服经受了从挪威到新加坡的广泛试验，使特种兵在各个季节和世界各种温度区都能活动自如。

海军扫海潜水员分队士兵准备潜水

→ 海军特种兵如何在水下通信

海军特种兵在水下执行任务时，在多数情况下，仅靠队员之间的手语联系是不够的，还需要水下指挥通信类装备的支持和保障。

海军特种兵水下通信装备根据用途可以分为水下无线通信装备、水下有线通信装备和水下召回装备三类。其中，水下无线通信装备是海军特种兵执行水下任务中指挥、协同和信息交流所必备的装备。海军特种兵使用的便携式水下通信装备通常包括水面分机和水下分机两部分，使用时将任意一台水面分机和水下分机组合，即可实现不同水下分机之间、水面分机与水下分机之间的无线通信。

传统的水声通信设备和水声导航设备是各自独立的设备，但无论是水声通信还是水声导航，都是借助水声信息传输，均受到水声信道随机时—空—频变参、强多径、快起伏等特异性影响，具有一些共性的特点。水声通信和水声测距定位均需要在发射端发射水声信号，接收端通过接收水声信号处理实现各自功能。水声通信和水声测距定位在硬件前端基本相同，信息流程也基本相似，因此，在一套水声硬件设备上，通过软件处理等方式，可以实现水声测距定位和水声通信的功能一体化，这也是未来海军特种兵水下通信装备、定位导航装备等装置集成化、一体化发展的方向。同时，水下通信设备将进一步向高可靠性、抗干扰、网络化、高容量、长距离和高隐蔽性发展。

荷兰海上特战部队士兵

海军突击队士兵在水下行动

水下侦察会使用哪些装备

水下侦察是海军特种部队的主要任务之一。海军特种部队使用的水下侦察装备主要有两类：一是水下光学侦察装备，主要是水下照相机和水下摄像机；二是水下声学侦察装备，主要是各类单兵手持式声呐。

水下照相机可分为一体式水下照相机和外壳式水下照相机两种。一体式水下照相机的相机构件与防水耐压外壳集成在一起，外壳式水下照相机是普通数码相机与水密壳的组合体。

水下摄像机可分为水下摄录一体机和水面控制水下电视系统两种。水下摄录一体机是普通摄录机与水密外壳的组合体，水面控制水下电视系统是一种水下摄录机与控制单元分离、两者通过水下电缆相连接的水下电视摄像系统。

海军扫海潜水员分队士兵使用单兵手持式声呐进行水下侦察

单兵手持式声呐包括各种图像识别声呐、测距声呐、测厚声呐、声波探测仪和水下搜索定位声呐等。借助单兵手持式声呐，海军特种部队可在低能见度或黑暗的水下搜索、发现、识别和测量目标数据，判明目标性质。

→ 驼峰水袋为何被美军特种兵广泛采用

驼峰水袋是美国特种部队于20世纪90年代开始装备的战地饮水工具，这种水袋使用方便，结实耐用，抗菌防臭，容易携带，非常适合军队作战使用。

驼峰水袋的源头可以追溯到1988年，其发明者是得克萨斯州的迈克尔·爱迪生。他曾是一名军医，同时也酷爱公路自行车运动。得克萨斯州夏天十分炎热，而自行车运动是一项极为消耗体能的运动，如果不及时降温并补充水分，运动员很容易因脱水而无法比赛。为此，迈克尔·爱迪生利用医用橡胶软管和输液用的塑料袋制作了一个"个人饮水系统"，并把它藏到运动衣里面。自行车运动员上半身几乎是平趴在自行车上，其背部的储水装置异常显眼，迈克尔就形象地称其为"驼峰"储水系统。后来，这个发明取得了专利。迈克尔创立了驼峰公司，进一步将其完善。1997年，由于被美国特种部队广泛采用，驼峰公司获得了军队供应商的资格，开始批量向美军提供他们生产的水袋。2003年伊拉克战争时，驼峰水袋成了美军的标准装备，不再是特种部队的专用物品，普通士兵也可以使用。

驼峰水袋使用的材质为高弹力材料，因此非常结实。这种水袋的储水容量大，装满时可以储水 3 升，大大高于普通的高分子水壶容量。内胆采用了抗菌的纳米材料，因此里面的水可以储存 2～3 天也不会变质发臭。另外，驼峰水袋便于携行，即使长时间携带也不会感到疲劳，剧烈运动时也不必担心与其他装具碰撞而发出声响。

迷彩驼峰水袋

驼峰水袋在充满水后，与使用者背部的接触面很大，所以无形中相当于给士兵穿上一件"水袋背心"，具有一定的降温作用。特种兵只需要将储水容器背在背上，再将吸管围在脖子上，即可在口渴时低头喝水，丝毫不影响特种兵的其他工作。喝完之后也无须其他动作，只要将吸管吐出即可，前端的开关在离开嘴唇的压力之后会自动关闭，确保水袋中的水不会白白流失浪费。

身背驼峰水袋的海军突击队士兵

在战场上使用驼峰水袋饮水的特种兵

美军特种兵如何与外国人交谈

军队在境外作战，难免要与当地人打交道。以美军为例，各个军种都有大量特种兵在中东地区作战，而这些地区的人主要使用阿拉伯语，为了与当地人交谈，并理解所处的周边环境，美军特种兵必然要克服语言上的障碍。虽然派遣阿拉伯语翻译是最直接有效的办法，但是并不适用于所有场合。为此，美国陆军于 2011 年启动了"机器外语翻译系统"

（MFLTS）项目，旨在为陆军所有机构人员提供在任何环境下的语言转换服务。

美国陆军"机器外语翻译系统"项目办公室授予雷神BBN技术公司（雷神公司的全资子公司）一项价值400万美元的合同，由该公司提供自动语音识别、机器翻译、文本转语音、光学特征识别等软件的许可，合同期为1年。

"机器外语翻译系统"首先要翻译的语言是伊拉克的阿拉伯语，以及阿富汗、巴基斯坦的普什图语，这是美军特种兵经常接触的外语。目前，"机器外语翻译系统"可以安装在以下平台：安卓手持系统；Windows便携电脑，以及基于Windows的服务器系统；营级单位使用的主要智能系统。

"机器外语翻译系统"可收听英语或

正在使用"机器外语翻译系统"的特种兵

阿拉伯语，然后转换为文字，并有同步语音输出；同样地，也可以将伊拉克阿拉伯语、普什图语翻译成英语，所需时间很短，几乎实时口译，不过由于是针对美军开发，所以遇到专有名词与术语时将以军事名词为主。如果谈论的是运动主题，可能会出现词不达意的情况，因为许多运动术语和军事术语是混用的。

通过"机器外语翻译系统"，美军特种兵可以与使用伊拉克阿拉伯语、普什图语的人交流，并理解外语文件和数字媒体。未来，"机器外语翻译系统"还将增加新的翻译语音。

除了中东地区，美军也为驻非洲人员配备了手持式自动语音翻译系统。为了打击非洲大陆上的极端组织，美国陆军在20余个非洲国家派驻了特战人员或军事顾问，而手持式自动语音翻译系统可以帮助他们克服语言障碍。该装置佩戴在胸前，能将美军与非洲人交流时的语言翻译成各自熟悉的语言。在无须互联网的情况下，该装置能翻译 9 种语言。

值得注意的是，翻译装置并不会替代口译或高级语言的人才，所以翻译装置的问世，并不代表外语学习就不重要，例如，情报人员就不可能拿着翻译装置去搜集情报。

美军如何利用核潜艇投放特种兵

在 20 世纪 70 年代中期以前，美国海军核潜艇要想将特种兵投放到敌方海岸，就必须冒险潜伏到距离敌方海岸线非常近的浅水区域，这很容易暴露行踪。为此，美国研制了一种小型水下推进器，方便美国海军"海豹"突击队在核潜艇吃水不足无法靠岸的情况下快速登陆。这种小型水下推进器被称为"海豹"运输载具（SDV），目前在役的主要是 Mk 8 型，而此前的 Mk 6 型、Mk 7 型和 Mk 11 型均已退役。

搭载"海豹"运输载具的"俄亥俄"级核潜艇

SDV 可搭载 4 名"海豹"突击队士兵，他们完全依靠水下呼吸器呼吸，其任务主要是进行水文地形勘测、搜索侦察及有限的直接作战。SDV 是敞开式结构，为了航渡需要，美国还研制了配套的"干式甲板换乘舱"
（DDS）。有了 SDV 和 DDS 的配合，美军核潜艇就可以在比较安全的
位置投放特种兵，即使被发现或遭到攻击，也不影响核潜艇的自卫功能。

　　SDV 在使用核潜艇搭载时，要与核潜艇上安装的 DDS 配合使用。
因为 DDS 自身没有动力，也需要依靠核潜艇搭载。在搭载时，DDS 以
对接的方式单独或两艘并列固定在经过改装的核潜艇指挥台围壳后方。
对 SDV 来说，DDS 就像移动式的车库。"海豹"突击队士兵在部署时，
从核潜艇内部出舱到做好战斗准备需要较长的时间，在一些情况下，为
了能够在核潜艇抵达预定位置之后迅速行动，"海豹"突击队士兵不得
不在核潜艇出航之后就浸泡在冰冷的海水中。为了维持战斗力，"海豹"
突击队士兵踏上陆地后的第一件事往往是给自己的身体加温。DDS 使这
个问题在很大程度上得到了解决。

海军突击队士兵在水下操纵"海豹"运输载具

　　SDV 与 DDS 配合使用的过程比较复杂。首先要在基地将 DDS 安装
并对接在核潜艇背部，同时还要进行水密性、气密性以及各种电子与支
援设备的测试。这一过程大概需要 3 天时间。与此同时，SDV 也要进行

类似的测试并且充电。对接和测试完成之后，SDV 才能被装入 DDS 的装载舱内进行部署。核潜艇到达指定位置，部署 SDV 时，也需要经过同样复杂的检查，整个过程需要将近 1 个小时。尽管还有很多不便，但是这种外挂式的使用方式十分适合核潜艇使用。

"海豹"运输载具

→ 特战对直升机有何特殊要求

作为一种起降灵活的特殊航空器，直升机是特战的首选空中载具。以特战经验丰富的美军为例，早期美军没有特战专用直升机，其特种部队的渗透与回撤均采用常规直升机。1980 年 4 月 24 日"鹰爪"行动中，美军营救被扣押的美国人质时，临时调用的 8 架"海上种马"扫雷直升机接连出现故障，营救行动被迫取消。随后，撤离时机队又发生相撞事故，造成多人死伤。最后，美军抛下所有直升机，搭乘运输机仓皇逃离。

这次行动的惨败，迫使美军组建专门执行特战任务的直升机部队——美国陆军第 160 特遣队（第 160 特种航空作战团前身），主要执行夜间低空秘密渗透飞行任务。为支持该部队开展夜间任务，美国陆军对"黑鹰"直升机进行针对性的改装，同时研发了"黑鹰"特战型号，作为第 160 特种航空作战团的专用机型。自此，MH-60"黑鹰"特战直升机的发展与第 160 特种航空作战团紧密相连。

第 160 特遣队早期装备 30 架由 UH-60A 改装的 MH-60A，这些直升机经过简单改装后，适用于特战任务。1989 年，随着第二代"黑鹰"直升机服役，第 160 特遣队又改装了一批 MH-60L 用于替换 MH-60A。这些直升机的改装方式与 MH-60A 基本一致，部分加装短翼，可挂载航炮或火箭弹发射器，执行火力支援任务。MH-60L 参与了 1993 年 10 月 3 日的摩加迪沙之战。这次仓促实施的突袭行动以失败告终，暴露了直升机在城市低空作战中脆弱的生存能力。

特种兵与 MH-60L 直升机

MH-60M 直升机在军舰上起降

1992 年年底，第 160 特种航空作战团获得第一款专门研制的特战型"黑鹰"直升机——MH-60K。该直升机针对特战需求进行了大量改进，拥有更完善的低空飞行设备，包括前视红外转塔、地形规避 / 跟踪雷达。另外，该直升机加装空中受油管，并通过两侧短翼可挂载大型副油箱。航电方面，首次采用由液晶显示器组成的综合航电显示系统，并集成了自动飞控系统、通信导航系统、卫星导航系统和数字地图等当时最先进的机载系统，同时还整合了先进的自卫对抗系统套件。

MH-60K 执行任务的保密等级较高，迄今为止，外界无法确认第 160 特种航空作战团驾驶该型直升机执行过哪些作战任务。MH-60K 服役 20 年后便被 MH-60M 替代，显示出美军对该直升机的使用强度相当高，使得大部分直升机寿命被提前消耗殆尽。

MH-60K 直升机在高空飞行

2012 年，MH-60M 作为 MH-60K 的替代型号进入第 160 特种航空作战团服役。MH-60M 并非对 UH-60M 的简易改装，而是进行了大量全新研制。该直升机采用两台全新的涡轴发动机提供动力，并装有全权数字发动机控制系统。单台发动机的最大功率比普通"黑鹰"直升机装备的发动机高出 469 千瓦，达到 1940 千瓦。额外增加的动力主要用于提升该直升机的高海拔地区任务能力，同时还使其获得安装各种额外设备的能力。

除动力系统外，MH-60M 的各种航电系统均采用新型设备，前视红外系统具备昼夜通道和激光照射能力，可以支持使用 AGM-114 空地导弹，使 MH-60M 成为美军装备的首款真正意义上的武装型"黑鹰"直升机。地形规避 / 跟踪雷达采用"沉默骑士"多模式雷达，具备更高精度和抗干扰能力。通信系统包括 6 部不同频段的电台，其中 2 部可实现卫星通信。自卫对抗系统套件包括全新的激光告警系统、导弹逼近告警系统和全向雷达告警系统以及红外干扰机。

MH-60M 服役后，高强度使用导致该型直升机损毁不断。随着美军在全球各地特战任务的不断升级，这种特战直升机也将越来越多地出现在外界视线中。

微型和大型无人机的作用有何区别

无人机是一种安装有自动驾驶仪、程序控制装置的不载人飞行器，通过与地面控制平台人员的合作，实现侦察、监视、快速识别、跟踪、定位、打击等功能。1917 年第一架无人机在英国起飞，这种小巧的飞行器立刻吸引了世界的目光，因其在越南战争中作为武器的第一次亮相，使得无人机渐渐成为现代战争的"宠儿"。2001 年"9·11"事件后，美国将无人机应用于对恐怖分子的打击上，为无人机的使用开辟了一种新的途径。根据体型的大小，无人机可分为微型无人机和大型无人机，两种无人机在特战中发挥的作用有一定的区别。

1）微型无人机

根据欧洲国际无人机系统协会的定义，微型无人机是指那些航程少于 10 千米，飞行高度低于 250 米，航行时间少于 1 小时，起飞重量小于 5 千克的无人飞行器。

首先，微型无人机非常适合执行侦察任务。微型无人机的体积较小，飞行时噪声较小，隐蔽性较高，依靠搭载的摄像设备、定位设备可以完成一些人工难以实现或实现代价极大的情报获取工作。

其次，微型无人机可以通过垂直起飞、抛射起飞等多种方式起飞，适应性强，方便灵活，能够适应沙漠、林地、山区等普通直升机难以起飞的区域，扩大了适用区间。

最后，相较于大型无人机，微型无人机的研发和制造成本更低，有利于大批量应用，乃至实现无人机信息网，对敌人进行全方位的监控，大大缩小敌人躲藏的范围，使其无所遁形。

2）大型无人机

大型无人机与微型无人机相比，体积更大，载重更重，能够携带更多的设备和燃料，提高续航时间，而且无须考虑飞行员的承受能力，大型无人机可以尽可能地提高飞行速度，增强了机动性。

以美国MQ-9"收割者"无人机为例，最大载重量为1360千克，能够持续备战飞行15小时，最大飞行速度为460千米/时，空载时的飞行高度能够达到15000米，安装6个武器挂架，可搭载2枚GBU-12激光制导炸弹和4枚AGM-114"地狱火"反坦克导弹，227千克的联合直接攻击弹药（JDAM）和113.5千克的小直径炸弹。此外，MQ-9"收割者"无人机还装备了电子光学设备、红外系统、微光电视和合成孔径雷达，具备很强的侦察能力和对地面目标攻击能力，能够为空中作战中心和地面部队收集、传输动态图像，帮助地面部队选用合适的装备进行作战，还可根据实际需要随时开火。这样丰富而先进的功能必然导致大型无人机的价格高昂，MQ-9"收割者"无人机的出厂价约3000万美元。

正在使用微型无人机的特种兵

除了基本的成本控制，无人机的出口国在出口此类高技术的军用装备时，也会考虑两国的政治关系，乃至同周边国家的政治关系，因此，无人机的实际售价可能要比出厂价高得多。例如，2017年印度花费20余亿美元从美方购买了22架MQ-9"收割者"无人机。这将限制许多欠发达国家、地区将大型无人机应用于特战的步伐。

MQ-9"收割者"无人机在高空飞行

第4章
技能篇

特种兵之所以被称为"特种"，是因为他们在某些方面优于普通士兵。特种兵具有坚强的个性，有不怕牺牲和勇敢战斗的精神，有超凡的毅力与耐久力，有出色的作战技能。本章主要就特战技能相关的问题进行解答。

→ 概 述

　　为了完成特殊而复杂的任务并具有多种作战能力，特种兵必须熟练掌握各项作战技能，而这离不开严格的日常训练和残酷的实战。一般来讲，特种部队的训练内容主要包括高强度体能训练、"一专多能"训练、各种作战类型的适应性训练、模拟训练等。

　　执行特战任务常常需要超常的体力，并承受极度的精神压力。因此，特种部队要求其成员有强健的体魄、坚强的毅力和良好的心理素质，即要求做到：思维敏捷、反应迅速，能承受长时间的紧张状态，能适应气候、气温的急剧变化。体能训练的内容主要为军事体育项目和特殊的心理训练项目。例如，美军特种部队的体能训练分三个阶段：一是基础训练，内容为田径、球类、游泳、体操、越障；二是技能技巧训练，内容为拳击、摔跤、刺杀、登山、滑雪、武装泅渡；三是冒险训练，内容为攀登、跳伞、滑翔、飞车、悬崖跳水等。

正在进行索降训练的海军战斗潜水员组士兵

　　特种部队专业分工多，所担负的任务种类繁杂，因此要求其成员要掌握多种专业技能。例如，美国陆军特种部队要求成员掌握的专业技能就达五六十种，主要有领导艺术、心理战，熟练掌握任务区的语言，了解异国文化及风俗民情，熟练操作和维修本国及各国的现行武器装备，能驾驶各种军用车辆、坦克和直升机，水下战斗，在丛林、雪地、沙漠和核、生化条件下的生存与作战的技能，以及卫生救护专业等。

所谓各种作战类型的适应性训练，即按照可能的作战行动类型有针对性地进行全面训练。例如，美军特种部队作战类型分为六种：非常规战、特种侦察、直接行动、反恐怖行动、内卫和辅助支援行动。训练内容为与作战类型有关的计划、战术、技术与程序、侦察、游击战、作战效果评估与核查等。以色列特种部队则针对各种可能发生的情况和战斗制定行动预案，并要求部队按照行动预案进行演练。

奥地利突击队士兵进行跳伞训练

模拟训练主要分为两种类型：一是采用先进的训练模拟器材，包括用于进行复杂技术装备操作训练的技术模拟器材（例如，直升机模拟驾驶仪），以及场地或室内使用的对抗模拟器材（例如，美军的多用途激光交战模拟器）；二是设置逼真的实战环境，即在实地使用假想敌和实物进行训练。例如，以色列和印度的特种部队在机场的民用客机上进行反劫机实战演练，机内有装扮的"乘客"和劫机"恐怖分子"。美军特种部队则按照任务的需要组织受训人员到深山、沙漠、港口等特殊场地与装扮的"游击队"或"恐怖分子"进行非正规战和反恐怖行动训练。此外，美国和以色列还尽可能让其特种部队参加实战锻炼，以提高实战能力。

→ 冷破门和热破门孰优孰劣

在特战中，特种兵常常需要迅速冲入室内、车内、飞机内，这就需要快速破门。而在影视剧中，我们经常看到特种兵一脚踹开房门，然后向里面的敌人疯狂扫射。然而，真实情况根本不是这样的。特种兵在打开房门时会非常小心，因为敌人很可能在房门上设置了爆炸物，贸然打开房门会引发爆炸，造成惨重的损失。

一般来说，特种部队的破门方式有冷破门和热破门两种。冷破门相对安全，但无法对付较为坚固的门，破门速度也较慢。冷破门使用的工具主要有破门锤、撬棍、剪钳、无齿砂轮锯、液压破门工具等。其中，破门锤在造型上和古代士兵使用的攻城锤非常像。作为主体部分的大圆柱非常重，需要通过拴住圆柱的绳子使圆柱摆荡起来，以便获得较大的加速。当质量非常重的圆柱有了一个很大的加速度以后，就会对物体产生极大的撞击力。所以加速度越快，圆柱的质量越大，造成的破坏力也就越大。这也是使用破门锤的时候，需要几名特种兵一起使力的原因。

热破门就是利用枪械和炸弹进行破门，其效率更高，但操作难度也更大。手枪威力小、射速低，因此很难摧毁坚固的门锁，而小口径步枪的子弹虽然能穿透锁芯，但因为弹丸直径小，无法完全破坏门锁的主要结构，还有可能反弹回来伤害特种兵。因此，特种部队大多使用霰弹枪来破门。需要特别说明的是，霰弹枪破门时使用的并不是普通的霰弹，而是专门的破门弹。

破门弹的塑料壳体内通常排列有细小的金属射弹，可以有效破除铰链或门锁，如果使用正确，则既不会穿透门也不会有弹回碎片的危险。在使用破门弹时，特种兵应该戴上护目镜，以保护眼睛不被弹药破碎时产生的细微尘粒伤害。为了达到摧毁门锁的最佳效果，应以90°的射角射击；要摧毁铰链，则最好以30°的仰角或俯角射击。两种情况下的最佳射击距离都是75毫米。

　　除了霰弹枪，特种部队还会使用炸药来对付防护等级较高的大门。例如，澳大利亚特种部队会使用爆破索炸开房门，美国海军陆战队则使用威力更大的 C4 塑胶炸药。这种炸药的主要成分是聚异丁烯，用火药混合塑料制成，威力极大。它可以被碾成粉末状，能随意装在橡皮材料中，挤压成任何形状。

正在使用破门锤的爱尔兰陆军士兵　　　　准备破门的海军特战战团士兵

特种部队为何进行信任射击训练

　　"信任射击"是各国特种部队普遍采用的一种极端训练方法，主要用于锻炼特种兵之间的信任度和配合度，以及有无辜人员在场时的枪法和胆量。具体训练过程是两名特种兵互为射手和配手，在一定距离上交替射击对方身边的靶子。虽然这项训练的射击距离都不太远，但是在立姿、无依托的情况下，光是准确射中人头大小的目标就已经不容易，何况还要克服巨大的心理压力——靶子旁边站着活生生的战友，只要准星稍微偏一点，就可能造成误伤。

　　某些特种部队还会进一步加大"信任射击"的难度。例如，俄罗斯特种部队曾经公开展示自己的射击训练，在靶场上，两名教官在特种兵和靶子之间不停走动，特种兵需要避开教官命中靶子，并且还要不断改变射击点。法国国家宪兵特勤队也有一项著名的训练项目：一名队员站在靶子前方，他的身体周围环绕着 9 个气球靶，在他对面则是 9 名狙击手使用 9 支大威力狙击步枪向他瞄准。这种训练项目被称为"人体描边"，其目的是演练多名恐怖分子挟持人质时，特种部队多名狙击手分别瞄准不同目标，同时开火将其狙杀的场景。除了"人体描边"，法国国家宪兵特勤队还会进行实弹对射，两名队员各自穿着防弹衣，使用转轮手枪在20米外对射，它被形象地称作"决斗"。由于训练非常残酷，法国国家宪兵特勤队自组建以来在训练中牺牲的人数甚至超过了实战中的阵亡人数。

默契配合的海军特别行动团士兵

相互依靠的海军蛙人部队士兵

→ 室内近距离射击有何要诀

室内近距离射击（CQS）是室内近距离战斗（CQB）的高阶课程。在进行CQS训练前，特种部队通常会对受训人员进行敌我识别的反应测试及心理测验评估。CQS的危险性极高，在训练或执行任务时很容易因为走位的错误或紧张而伤及队友或人质。因此，CQS并不是每位特种兵都能够胜任的。

1）近距离射击的瞄准方式

传统的精准射击一般采用单眼瞄准的动作，它能够让人集中注意力，更好地看清准星与照门缺口。不过，这样的射击方式有致命的弊端。因为未来作战不再是单纯的线性作战，而是立体全方位交战，敌人可能从你的任何方位出现，如果闭上一只眼睛瞄准，相当于丧失了1/3以上的视野，这无异于自杀。因此，在近距离射击时，双眼瞄准更具优势。

首先，双眼瞄准增加了视界范围。科学研究表明，人类双眼的视界为120°，在实战中，视野开阔与否至关重要。闭上一只眼睛就会减少1/3的视野，这对于实战中发现敌情和协调配合是致命的缺陷。

其次，双眼瞄准能够形成整体瞄准的感觉。当双眼瞄准时，人的注意力便不会过度集中到靶心，而会着重于整个武器和整个目标的视觉关系，更容易形成瞄准的整体感觉，容易形成枪口跟随视线移动的本能快速反应。而且，双眼瞄准更有利于减轻身体疲劳。两眼都睁开时，人体脸部肌肉会放松，身体也会感到自然。这对进行高强度、长时间作战尤为重要。

最后，双眼能够更快速地瞄准。采用双眼瞄准可以省掉由闭起一眼到构成瞄准之间的时间，虽说可能对许多人来说只有零点几秒，但是在实战中，这零点几秒往往就是生与死的区别。

2）手枪射击的持枪方式

手枪单手射击和双手射击优劣之争一直存在，单手射击的优势是瞄准基线长，对提高精度有利，因此，国际上手枪比赛都是单手射击的动作，另外，单手侧身射击有利于减少身体暴露面。但是在近距离快速射击中，单手射击却存在诸多缺点，因此国际上特种部队普遍选择双手持枪为主要方式。

双手射击能够保持射击的速度和稳定性。通过靶场试验：一名训练有素的射手，在双手持握的情况下，7 米距离上 3.5 秒内能够连续射击 10 发子弹，散布能够控制在 9 环以内，而单手持枪姿势却需要 7 秒以上，射弹散布会增大到 7 环。大量训练数据表明，双手射击的速度比单手射击快 1 倍以上。另外，双手射击更容易形成身体的肌肉记忆。这

正在进行室内近距离射击训练的陆军士兵

种双手持枪的肌肉记忆瞄准能够更快、更自然、更稳固地实现快速瞄准。而且双手持枪在实战中更难被抢夺。

尽管双手射击有许多优势，但是单手射击的训练也不能完全废止，因为在手臂负伤或者快速奔跑向后射击等应急情况下都需要单手持枪射击。

总而言之，近距离快速射击的总体原则是"绝对的快、相对的准、符合战术和安全要求"，绝对的快是指射击速度要快，快速猛烈地打击

多个目标，让敌人迅速失去反抗能力；相对的准是指在高速度射击的基础上，保证多发连续命中目标的有效区域，而不是片面强调一枪毙命；

符合战术和安全要求是指射击习惯和动作细节符合战术配合和安全的要求，例如，每次完成射击后要左右观察，手指在非射击时保持在扳机护圈外，枪口的指向保持规定的范围等。

陆军特种部队士兵参加室内近距离射击训练

近距离遭遇多名敌人时如何射击

在特战中，特种兵很有可能突然遇到近距离有多名敌人的情况。在这种情况下，特种兵的射击动作将决定战斗的胜负和自身的存亡。那么，近距离遭遇多名敌人时，是对他们逐一开枪，还是对每个目标射击 2 ～ 3 发子弹，达到足够的杀伤效果呢？

对于这种情况，各国特种部队都进行了大量的模拟实验，并制定了相应的对策。当 10 名优秀射手，分别以 6 发步枪子弹对距离 15 米的 3 个胸环靶采用单点瞄准方法快速射击时，通常有三种射击方法：一是对 3 个目标逐一双连发射击，平均用时 3 秒，平均命中 5.5 发；二是对 3 个目标分别发射 1 发子弹，平均用时 1.75 秒，平均命中 2.7 发；三是对 3 个目标按顺序射击 6 发（1、2、3、3、2、1 的射击顺序），平均用时 3.95 秒，平均命中 4.5 发。通过步枪实弹射击对比发现，采用双连发射击的方式，射击时间最短，而且命中率最高。

在实战中，近距离突然遭遇多名敌人是一种非常紧急的情况，各种射击方案应该根据实际情况灵活处置，但是采取双连发射击的方式，在命中速度和杀伤效果上能够取得较好的平衡，是一种非常实用的实战技能。

双连发射击能够有效地命中目标，但是采用三连发、五连发射击时，其余的子弹是很容易打偏的。因此，国际上流行"莫桑比克射击法"，这是在双连发射击的基础上演变而来的另一种近距离射击技术，要求先向目标身躯快速打两枪，然后迅速向上往目标头部打一枪。前两枪的目的是更快更准确地击中目标，打胸部总比打头部容易，而且让目标短时间内无法反抗，而第三枪就是为了破坏大脑，使目标更长时间地"停止"下来，或是永远地"停止"。

训练中的法国国家宪兵特勤队士兵

借助防弹盾牌进行近距离作战的俄罗斯国家近卫军第 604 特别用途中心士兵

行进间抵近射击有何要领

行进间抵近射击是一套在近战过程中使用的单兵战术动作，常为进攻方所采用。从字面意思上理解，即向目标开火射击的同时迅速向目标靠近。其作用是借助火力压制、限制敌方行动，同时接近目标，便于开展之后的战术行动。这种射击方法非常适合特种部队的作战模式。

行进间抵近射击的战术要领在于火力压制强度、准确度与进攻速度的配合。火力压制是进攻的前提，只有限制敌人的防御性射击，才能给己方的进攻创造条件。通常情况下，特种兵所装备的自动武器弹匣容量为 30 发，如果扣住扳机不松，可以在 2 ～ 3 秒内打光一个弹匣。在突击时采取自动射击的方法，一是严重影响射击精度，二是过快倾泻子弹会造成换弹时的火力空缺，这对于特种兵来说是致命的。通常情况下，必须将快慢机调至半自动或三连发状态，通过快速连续扣动扳机来保证射速与火力持续时间上的平衡。

如果射击不能对敌人造成威慑，那么射击就是没有意义的。许多特种兵在靶场上能打出优秀的成绩，但在战场上却不尽如人意。造成这一结果，仓促与心理压力是主要原因。战场上没有调整状态的机会，特种兵需要在一切突发情况下作战。此外，在生死攸关时，任何人都会感到恐慌，这也会影响特种兵的作战行动。要保证在接敌时仍能精确射击，需要在平时多加训练。不仅是战术动作上，更是在心理上。行进间抵近射击要求特种兵在移动中对目标进行攻击，难度较固定射击加大了不少。

陆军特种部队士兵参加行进间抵肩射击训练

训练中的特种部队士兵

一个弹匣只能提供短暂的火力持续时间，进攻的时机就在这段时间内。特种兵需要借此尽可能地接近敌人。在开始行动前，特种兵要规划进攻路线，依据火力持续时间确定下一个隐蔽点，以保证在多段突击中途火力间歇时不会暴露于敌人火力之下。特种兵的进攻速度通常为慢跑速度，即每分钟100～120步。过慢会拖慢攻击速度，过快则影响火力压制精度，并过快消耗体力。

行进间射击分为抵肩射击和腰际射击两种。行进间抵肩射击和通常持枪瞄准姿势无异，枪托抵在肩部。屈身猫腰屈膝，降低身体高度和重心。右眼通过瞄准具概略瞄准目标，左眼配合观察周围情况。步法为小碎步，运动方向可向前，也可横移。保持上身稳定不摆动。向预定地点行进的同时向敌方所在位置进行射击。

行进间腰际射击和抵肩射击不同，腰际射击时，武器放在腰部。一只手握握把，手臂向内夹紧枪托，防止左右摆动；另一只手握住护木或抓住脚架，在开火时应给予向下拉拽的力以抑制枪口上跳。步法上同样为小碎步，但运动方向变为横移，减小枪口上下晃动，步幅可以适当加大。

相比于抵肩射击，腰际射击时重心降低，因此可以采取上半身直立姿态，并可以适当加快突击速度。不过，一方面，这种射击姿势丧失了依托，导致精度不足。另一方面，射手无法使用瞄具，仅仅依靠感觉和弹着点来调整射击目标，也极大地影响了射击精度。因此，这种方法仅仅适用于有足够多的遮蔽物的情况下，在遮蔽物间运动时的快速进攻，对特种兵的素质也提出了严格要求。特种兵需要在之前有过专门训练，培养腰际射击的肌肉记忆，保障运动射击时的精准度和火力压制能力。

特种兵乘车射击有何难点

乘车射击是指特种兵在快速行驶的特战车辆上向附近的敌人射击。乘车射击与地面射击差别较大，其具有以下难点。

（1）据枪动作受车辆影响较大，稳定性较差。乘车射击时，特种兵随车辆一起，经常处于颠簸运动中，射击姿势难以稳固，不可能做到精确射击。①上下震动。路面不平，引起车辆减震装置的伸缩，使车辆的重心产生上下震动。车辆震动时，对射弹的高低产生一定的影响，但对其方向影响不大。②方向摆动。车辆方向装置的空回，或转弯规避障碍物等，造成车辆在水平面上产生方向摆动。方向摆动对射弹的方向影响较大，但对其高低影响较小。③惯性晃动。当车辆加速或减速时，特种兵的身体由于惯性，会产生前后晃动，严重影响特种兵据枪的稳固性，使射弹产生偏差。

（2）射击有利时机极为短暂。行进间射击时，受车身晃动的影响，特种兵射击的有利时机极为短暂。利用短点射实施概略瞄准射击成为射击的主要方式。当进行短停射击时，特种兵可利用车体瞬间停顿的短暂时机，快速瞄准进行射击。

（3）视野、射界相对较小，不易观察和及时发现目标。实施乘车射击通常有两种方法：一种方法是利用车体顶部的窗口进行射击；另一种方法是利用车体两侧的射击孔射击。射击孔的观察视野、射界非常有限，对于特种兵及时发现目标和据枪瞄准影响较大。

乘车作战的陆军游骑兵联队士兵

（4）对运动目标射击提前量难以把握。特别是车辆在冲击过程中，对运动目标既要取好提前量，又要进行高低的修正，因为向前运动时，与目标的距离也在不断发生变化。当目标与车辆同时运动时，还要考虑相对速度的大小和求取提前量等问题，有时需要瞄准目标的前方，有时需要瞄准目标的后方。

乘车作战的特种兵

→ 狙击手如何估算目标距离

在很多人的理解中，狙击手只要将十字准星对准目标然后扣动扳机就可以轻松杀死目标，其实这是一个大错特错的想法。因为子弹出膛后的飞行轨迹是抛物线，抛物线在空中会有一个下滑的过程，例如，手枪子弹在飞离枪口 15 米后就可以用肉眼看出其在下滑。距离越长，子弹偏离十字准星中心越远。所以，瞄准具并不是向导器而只是参考器，一名狙击手要准确地击中目标就必须准确地估算目标的距离。现代狙击手会使用配有毫米刻度的望远镜或瞄准镜来观察，并利用目标在刻度上的高度来计算自己与目标的距离，计算公式如下：

$$\frac{目标的真实大小（米）\times 1000}{目标在刻度上的大小（毫米）} = 目标的距离$$

除此之外，狙击手还有可能会配备超声波或激光测距仪，但以防万一，仍然要掌握最基本的距离估算技巧。以下是几个比较实用的距离估算技巧。

（1）100 米单位测量法。这种方法非常简单，就是狙击手估算目标与自己所在地有多少个 100 米，当然，前提是必须知道 100 米距离究竟有多远。采用这种方法要注意两点：第一，如果地形是向上，会产生远一点的错觉；第二，如果地形是向下，会产生近一点的错觉。所以 100 米单位测量法只有在比较平坦的地形上才会得到比较准确的结果。如果目标出现在 100 米或 100 米外，而狙击手只能看到自己与目标之间地形的一部分，100 米单位测量法就不太实用。

（2）目标外观测量法。使用这种方法来估算目标距离需要大量的实战经验，例如，一个 1.7 米高的目标出现在 300 米距离处，在狙击手视野中这个目标高 2 厘米，如果下次同样身高的目标在狙击手视野中只有 2 厘米，那么他与狙击手的距离就是 300 米。使用目标外观测量法的时候，狙击手必须非常清楚物体在不同距离下的大小及特征，例如，狙击手记下一个人站于 100 米距离外的大小，然后在相同的距离记下那个人跪地和下蹲的大小，如此从 100 米到 500 米（或更远）重复观察，狙击手自然就会总结出一套距离观测的技巧。

（3）100 米单位测量法与目标外观测量法的结合使用。在良好环境下，不论是 100 米单位测量法还是目标外观测量法都是可行的，但战场环境错综复杂，所以狙击手需要将两种方法结合使用。地形会限制 100 米单位测量法，能见度也会影响目标外观测量法。如果将两种方法结合使用，一名有经验的狙击手对目标的距离判断准确率会达到 90%。

正在进行射击训练的陆军游骑兵联队狙击手

身穿吉利服在山区作战的狙击手

→ 狙击手如何选择射击部位

在二战时期及冷战前期，由于缺乏先进的狙击武器，所以各国特种部队的狙击手往往会选择瞄准目标胸部等容易命中的部位来射击，这种方式依靠子弹对目标造成的失血、组织和器官损伤达到致命的目的。现代特种部队的狙击手通常试图射击目标头部。射击头部主要有三种位置，分别是眉心、咽喉、鼻子到嘴巴之间的部位，这是因为各国对人体的研究不同造成的。

在难以射中头部时，也可尝试射击目标躯干。以人体躯干的中央为中心，围绕层叠着不少脆弱的目标，包括心脏及相连的主动脉血管，心脏后面的脊椎，以及胸腔底部的肝脏。一名成年男性的全身血液有4500～5500毫升，一般来说，失血800毫升左右将导致头晕、脸色发白、乏力等早期休克症状；失血1500毫升以上将进入休克期而出现生命障碍；失血达3000毫升则会因为器官衰竭而导致生命危险。射中心脏显然会形成快速、大量失血，从而导致失去知觉并很可能在10秒左右死亡。

射中脊椎能导致目标立即失能并导致死亡，但不能可靠地防止目标将手中武器打响，除非射中的是肩胛骨以上的脊椎。

射中肝脏将导致大量、快速地失血，其效果类似于击中心脏。柔软的肝脏组织是非常脆弱的，它由于弹头冲击造成的临时气穴现象而特别易于受到破坏。

射中肾脏同样能造成目标失能，肾脏是非常脆弱的器官，即使微小的创伤也能形成瘫痪性疼痛。就像肝脏一样，缺乏弹性的肾脏也很容易受到临时气穴现象的伤害。

虽然呼吸困难会限制机动性，疼痛也可能降低目标的作战效能，但射中肺部不一定会导致大量失血或昏迷。就像其他有弹性的组织一样，肺部在受到临时气穴现象伤害时很容易拉伸，因而受到损害不大。

虽然射中骨骼可能造成疼痛和行动受限，但若想有意达成某种效果却不容易。所以，射击骨骼并不是很好的选择。

狙击手要尽量在目标人物转身或面朝自己时开火，这样能增加射中脆弱部位的机会。因为从目标身体的一侧射中时，手臂骨骼可能会减弱穿透效果，或使弹头偏转而离开身躯的主要部分。如果没有阻碍，颈部和肾脏是比较理想的射击部位。

韩国陆军国际和平支援团狙击手

狙击手正在瞄准目标

→ 城市特战如何投掷手榴弹

手榴弹是城市特战中使用频率较高的武器。城市作战环境复杂、战斗激烈，特种兵在投掷手榴弹时必须万分小心。

城市近战中经常使用破片手榴弹，用于投掷到步枪和下挂式榴弹发射器攻击不到的区域，压制近距离内及各种掩体后作战的敌方火力和人员。破片手榴弹起爆产生的破片可侵彻石膏板隔墙，但不能侵入沙袋、

砖块建筑，对于木质框架建筑或劣质房屋，如果在墙面近处爆炸，也可在墙面上炸出裂孔。破片手榴弹在 15～20 米内具有较大的杀伤力，25 米外杀伤力骤降。室内的家具、床垫、门板及书本等可对破片手榴弹起到一定的防护屏障作用，但无法保障房间内人员的安全。地板上爆炸的破片手榴弹，其产生的破片不仅会向周围发散，而且还会侵入下一楼层。破片手榴弹的这些特点都需要特种兵牢记在心。

特种兵准备投掷手榴弹

特种兵使用烟幕手榴弹

特种兵对准窗户扔入破片手榴弹时，必须考虑掩护措施，因为在 20 米距离以外未将手榴弹投入 1 米 ×1 米的标准窗户的概率很大。如果破片手榴弹撞到窗角或者窗户玻璃太厚，手榴弹就不能进入房间或者会被弹回。

至于其他类型的手榴弹，也有各自的特点，均需要特种兵熟练掌握。烟幕手榴弹可为部队和车辆机动提供有效掩护，但在城市作战中必须慎重使用。燃烧型烟幕手榴弹一经点燃将剧烈燃烧，难以熄灭，使用不当可能造成灼伤，同时其产生的烟雾浓度高，并且消耗空气中的氧气，会

令人呼吸困难，在狭小空间内甚至可导致窒息死亡。爆炸型烟幕手榴弹起爆产生的燃烧颗粒也会带来附加伤害。燃烧手榴弹用于毁坏装备和纵火，可对车辆、武器系统、工事、弹药等多种军事装备进行焚毁，对易燃目标纵火十分有效。在城市近战中，燃烧手榴弹是用于对付敌方装甲车辆的有效武器，可以从高处向敌方车辆顶部投掷。

进攻手榴弹可以在封闭区域内产生强烈的爆震效果，在城市战中备受青睐。它可以用于轻型爆破和毁坏，甚至用于在建筑物的内墙上制造裂口。进攻手榴弹产生的爆震效果比破片手榴弹要强很多，在杀伤碉堡、建筑物和地下坑道内的敌人时效果显著。

特种兵如何人工布雷

在特战中，地雷是一种非常有效的武器。地雷的作用与古代的机关陷阱类似，主要用于阵地防御、道路封锁、迟滞追兵和对敌占领区的袭扰等。布设地雷可以通过机载布雷器、自动布雷车、火箭布雷车等多种比较高效的方式，但有时候也需要人工布雷。

特种兵人工布设地雷的方法比较简单，但也有操作规范，并非挖坑埋土即可。首先，坑的深度要根据地雷的厚度来定，太深可能会在后期掩埋的时候爆炸（因为地雷上的泥土盖得太重），太浅可能会因雨水冲刷或是风吹使其暴露在地表。

正在布设地雷的特种兵

其次，坑底的泥土一定要夯实，尤其是反坦克地雷，以免目标碾过地雷时非但没有触发引信，反而将地雷压入地下。坑挖好后，要把地雷平放进坑里，此时的地雷通常没有安装引信，需要先拆下保险栓，然后将拔掉保险针的引信装入，再按回保险栓。此时，先不要着急转动保险栓的开关，使其处于战斗状态。要先将一部分泥土盖在地雷上，再转动保险栓开关，以免掩埋时一不小心触爆了地雷。

最后，将地雷伪装好，如果地雷体积很小，为了增加踩踏面积，可在上面盖上一块薄木板，注意不要留下埋雷的痕迹。

→ 特种兵遇到地雷时如何处理

地雷主要分为防步兵地雷和防坦克地雷两大类。特种兵在敌区活动时，最需要注意的就是防步兵地雷。这种地雷有三种，即爆炸式、跳跃式和碎片式。爆炸式地雷比较常见，通常埋于地下几厘米深，由人踏在压盘上触发，需要5～16千克的压力。爆炸式地雷能够将人的腿脚炸成碎片，引起二次伤害，如感染和截肢。跳跃式地雷在埋设时通常将一小部分导火线伸出地面，由压力或引线触发。一旦被触发，导火线点燃发射装药，将地雷推起离地约1米高。地雷随即点燃主装药，对人的头部和胸部造成伤害。碎片式地雷朝各个方向释放碎片，也可只朝一个方向释放碎片（定向破片地雷）。这种地雷可以对远达60米之外的人造成伤害，也可以杀死近距离的敌人。地雷中使用的碎片为金属或玻璃。

如果不慎进入敌人布设的地雷区，特种兵必须充分利用自己掌握的地雷知识和排雷技巧，为自己和友军扫除障碍。与布雷相比，排雷则显得十分困难，就算排雷的过程中没有造成人员伤亡，排雷所花费的成本和时间也都远远高于布雷。

韩国陆军国际和平支援团士兵正在排雷

排雷的前提是探雷，而探雷是一个讲究方法、速度缓慢的过程，因为确定地雷位置时有很大危险。倘若没有探地雷达和金属探测器等较为先进的探雷设备，特种兵就只能利用传统的探雷技术。

探雷时，首先要侦察附近有没有潜伏的敌人。如果有敌人的巡逻兵，需要观察巡逻兵的行进路线是不是在刻意避开某些区域。此外，还要留意土壤的色泽是否有不协调的地方，地面是否有裂纹，以及附近是否有埋设地雷的工具等。在疑似埋有地雷的地点，特种兵可用棍子或刺刀轻轻戳动地面进行确认。

在探明地雷位置后，就要着手进行排雷工作。排雷的主要方法是机械排雷和炸药排雷，但在敌占区活动的特种兵并不具备这种条件，所以只能选择人工排雷。除了拆除引信，也可以使用炸药直接引爆，或使用专用试剂固化地雷和周围土壤，使其不会被触发。如果没有排雷工具，也可以放弃排雷，只要做好标记，防止友军触雷即可。

正在排雷的海军陆战队特种兵

如何在近战中利用匕首杀敌

匕首既没有剑的长度，也没有刀的力量，因此不适合长距离战斗。匕首是一种近战利器，与格斗技巧相结合往往可以使其发挥最大的威力。

匕首的握持姿势分为四种：刀刃向下，反握刀把的"冰锥式"；刀刃向上，正握刀把的"铁锤式"；与铁锤式相似，但是用拇指和食指轻轻抵住护手的"军刀式"；掌心向后，将刀刃藏在手腕后面的"隐藏式"。

影视剧中常见的主动伸长胳膊用匕首攻击的姿势其实是非常危险的，因为这样很容易被敌人夺走匕首。正确的姿势应该是右臂下垂，置于右腿外侧，左手用于防守。这样可以为右手制造刺杀与砍杀的机会。双膝自然弯曲，以便保持身体平衡。

在潜入作战时，特种兵大多会选择用匕首攻击敌人的咽喉，通常先用手捂住敌人口鼻，防止其发出声音，然后用匕首割向敌人的颈部动脉。

特种兵练习匕首格斗术

当然，正面与持有武器的敌人进行战斗时，匕首往往会处于劣势。这种情况下应该随机应变，例如，将沙土洒向敌人等。总之，匕首是近战格斗中的利器，而如何灵活地利用四周环境，对匕首使用则更为重要。

正在进行匕首格斗训练的特种兵

→ 特种部队近身格斗术有何特点

在特战中，特种兵不仅需要全副武装，更需要过硬的个人格斗技巧来自卫。军用近身格斗术虽然没有影视剧中呈现的那般神奇，但是它的实用价值却很高。军用格斗术以高效著称，吸收了各国知名拳术、武术的精华与元素，如中国咏春、日本空手道、巴西柔术、俄罗斯桑博等，力求在最短时间内击倒对手。美国和俄罗斯是两个特战经验十分丰富的国家，因此两国特种部队使用的近身格斗术也颇具代表性。

美国战略与预算评估中心的报告指出，目前，全球有半数以上的人口居住在城镇。同时，美国陆军"模拟、训练及仪器专案执行室"的研究发现，美军在城镇战与限制地形两大环境中，无法以高技术武器掌握压倒性优势。有别于过去大规模交战，在恐怖袭击与城镇环境的新战斗形态中，必须立即制伏敌人却不伤及无辜，而近身格斗是一种不错的解决方案。

　　美军用"近距离格斗"（CQC）来形容运用武术或搏击运动的技巧进行的近身格斗。CQC 脱胎自 20 世纪初期上海租界的巡捕房，由英国人费尔贝恩与塞克斯创建，最初被命名为"敌凡道"，它的主要作用是警察可以在保障自身安全的同时迅速制伏犯罪分子。二战爆发后，费尔贝恩与塞克斯在英国为盟军培训军事人员，教授近身格斗，他们最初教授的是"敌凡道"，但是用来对付罪犯的"敌凡道"用在战场上杀伤力就明显不足，于是两人就把"敌凡道"进行改进，加入战场上使用的手枪、匕首和短刀，最终形成了CQC。现代美军的格斗体系还吸收了世界许多格斗流派的技术，例如，从李小龙的传人伊鲁山度学到的菲律宾武术卡利、中国咏春拳等。

正在练习近身格斗术的陆军特种兵

　　与美国相比，俄罗斯早在苏联时期就极为重视强化单兵格斗能力，不但是第一个对徒手格斗进行全面深度调查的国家，还发展出一套极具效力的近身格斗招数，至今为各国军警所欣赏。其著名的格斗术——桑博也成为俄罗斯的标志性拳种。据俄罗斯学者萨文科夫考证，"桑博"一词源于俄语"无武器自卫"的首字母缩写，它融合了苏联各民族不同风格的搏击和摔跤技术，其中包括亚美尼亚、格鲁吉亚、摩尔多瓦和阿塞拜疆等国摔跤术。

　　目前，外界已知的普通桑博技法大致分为三种。第一种是战斗式桑博，专门用于解除对手的武装，它的套路十分注重"击"和"抓"。战斗式桑博有自己的比赛，主要参加者是俄罗斯境内的现役或退役军人。第二种是自卫式桑博，这种桑博强调的是对他人攻击的防御术，其风格类似日本的合气道。第三种是体育桑博，体育桑博有点像业余摔跤和柔道，但体育桑博在规则上与柔道不同，例如，桑博允许使用各类锁腿动作，同时桑博禁止使用锁喉动作。

时至今日，俄罗斯武装力量的军事徒手格斗研究仍在持续完善。俄军绝密级桑博格斗术持续吸收亚洲和欧洲的格斗术，补充和强化内容，开发出针对不同任务属性的特殊格斗套路。有意思的是，俄军格斗术课程越来越重视人体工学与物理学，开始运用图解来分析人体各部位被施以哪些方向的外力，会产生疼痛、身体失去平衡等结果。

如何正确使用战术灯

当特种兵与敌人同处黑暗时，特种兵必须有限度地使用战术灯以免暴露自身位置。为此，除非要做以下三件事，否则特种兵要保持战术灯的熄灭状态：一是找寻去路，确定方向；二是找寻及确认威胁的位置；三是确定目标方位而射击。

另外，特种兵要牢记以下几点：①必须充分利用掩护物，使自身处在黑暗中；②一旦自身被照明，则必须缩短被照明的时间，避免成为敌人的目标；③在黑暗中移动（搜索及推进）时，如果未能确定目标，绝对不能开枪射击；④当特种兵与队友在黑暗中行动时，不可在队友的身后使用战术灯而暴露其位置，同时必须留意队友的位置变化，保持与队友的沟通。

特种兵在黑暗中移动，必须不时地开启战术灯，而战术灯开启与身体的移动必须讲究技巧，要做到：尽可能利用交替掩护而移动；战术灯每次闪光的时间不超过 1 秒；必须在熄灭灯光后进行移动，移动速度越快越好。战术灯的开启和身体移动有机配合，可以减少自身暴露的时间，从而减少被击中的机会。如果敌人向曾经有光的方向射击，由于特种兵的及时快速移动，尤其是移动到掩护物后，就能有效地保护自身，受袭击的概率就会极大降低。

特种兵开启战术灯前，还必须考虑以下几点：①在使用前必须调整好灯光的有效焦距；②必须首先确保灯光照向的方位是特种兵想要移动的方位；③对于特种兵所要搜查的方位，必须事先基本明确，不能盲目开启战术灯；④如果需要射击，必须在开启战术灯前随时做好射击准备。

在步枪上安装战术灯的陆军士兵

→ 特种兵常用的泳姿有哪些

游泳是特种兵体能训练内容的重要组成部分，也是特种兵招募时严格测试的项目。特种兵常用的泳姿有以下四种。

（1）自由泳。这种泳姿的动作结构合理，阻力小，速度均匀、快速，是最省力、速度最快的一种游泳姿势。

（2）蛙泳。这种泳姿的动作稳定，并且大多数时候头部都在水面上方。与其他泳姿不同，蛙泳时人的四肢会同时对称地运动。对于特种兵来说，这种泳姿十分有用，因为双眼始终位于水面上方，在游泳过程中可以始终锁定目标。

（3）仰式蛙泳。仰式蛙泳的身体姿势

正在练习游泳的空军特种兵

和仰泳的身体姿势相同，身体自然伸直，仰卧于水面，两臂置于体侧或前伸，略收下颌，头的后半部浸于水中。

（4）战斗侧泳。这种泳姿有蛙泳的省力特质，同时兼具自由泳阻力小的优势，技术要点是腿部使用蛙泳姿势打水，但换气却是自由泳方法，手部划水也借鉴了自由泳，但手部却不出水，而且为了避免身体晃动幅度过大，在一个周期内只使用一只手做大幅度的划水动作，另一只手则始终在更深水下小幅度划水。除了省力外，战斗侧泳还有一个巨大的优点——动作幅度小，身体几乎不大幅度出水，激起的水花较小，在战斗中更有利于隐蔽。

特种兵如何实施武装泅渡

武装泅渡，是指特种兵在着装、携带武器装备的情况下泅渡江、河、湖、海完成军事目的的一种游泳技能，是特种兵必须掌握的实用技能之一。

泅渡前，特种兵必须严格整理服装与装备，做到随身装备不松散。整理方法为：解开领口，把衣服、裤子的口袋翻出来，并把衣袖、裤腿平整地卷到上臂和大腿的适当位置，但不能卷得过紧或过松，并用带子扎牢以防途中滑脱。将鞋子插入腰带，鞋底要朝外。

海军陆战队特种兵练习武装泅渡

　　特种兵应将所携带装备重量均匀分布，避免集中在身体某一部分。若重量集中在上半身，则会出现呼吸困难、换气费力的情况；若重量集中在下半身，则会出现腿部下沉明显、蹬水无力的情况。

　　在泅渡过程中，一般采用蛙泳姿势，以利于保持身体平衡、观察水面动静，并使游动声响小。蛙泳武装泅渡的技术与正常的蛙泳技术不同的是：两臂划水稍向下压，两腿蹬水时稍向后下方，小腹微收，使手臂浮起，便于保持身体平衡和防止下沉。蹬腿与划水手臂的力量要适当加大，呼吸要充分。

　　多名特种兵一起泅渡时，要按照"强弱搭配，快慢互补"的原则编排人员，以便互相协助。一般来说，要把游泳技术较差的特种兵排在队伍中间，技术一般的特种兵排在前面，技术较好的特种兵排在后面，以便随时帮助掉队特种兵，起到收拢队形的作用。另外，在队伍最前方安排一名游泳技术过硬的特种兵负责开路。

正在练习武装泅渡的特种兵

　　如果特种兵在泅渡过程中发生抽筋现象，一定要保持镇静，然后再根据不同情况进行合理的解救。解救的目的是使痉挛的肌肉得到缓解，在水中主要是采取缓慢牵拉肌肉的方法，以使痉挛的肌肉慢慢缓解。

　　如果有特种兵溺水，队友将其从水里救出后，应迅速清理溺水特种兵鼻腔及口腔里的泥土和异物，并将其舌头拉出。按压其腹部，帮助将水倒出。还要及时实施人工呼吸，进行心肺复苏，并且及时送至医疗点救护。

→ 特种兵如何训练水下作战技能

随着科技的进步，现代军队的作战方式也发生着改变，从此前仅有的单一陆地战发展到了空战，紧接着又迎来了水下技术的发展，甚至如今已经扩展到水下作战。这种作战方式和其他作战方式的不同点就在于对装备和技术都有很高的要求，必须经过高强度的反复训练才能参与作战。而水下作战的方式更是种类繁多，如水下破坏、水下侦察、水下进攻等，虽然这些作战方式需要经过长时间的训练，但是水下战术往往能达到事半功倍的效果。

陆军特种部队进行水下训练

从训练环境来说，水下的视线远没有陆上或者空中的视线清晰，这就导致很多特种兵不得不依靠预判和感觉来辨别甚至完成一系列的水下动作，难度非常大。

海军陆战队特种兵练习水下作战技能

此外，水下环境比较复杂，也很不稳定，有时候水下一点细小的波动就能对周围环境造成很大的影响，"一石激起千层浪"这种说法并不无道理，因此这些特种兵不仅要有超强的身体素质，还要有出色的实战应变能力。在这样的环境下，要达成作战目标相当困难，特种兵又是怎么克服的呢？

由于对水下作战人员的要求较高，一些国家成立了专门的选拔机构，对参选的官兵进行专业的训练，每天让他们在水下进行高强度的训练，如耐寒、耐压、憋气、水下射击等。虽然特种兵的身体素质优于一般军人，但仍是血肉之躯，所以他们在训练过程中经常会因为水压过大导致耳鼻流血，或是因为水温过低而冻得浑身发紫。如此严苛的训练，最后通过选拔的官兵无疑都是精英中的精英。

值得一提的是，在水下开枪作战无法使用普通枪械，因为它们在水里浸泡以后会出现"哑火"的现象，所以一些国家专门研发了水下突击步枪供水下作战人员使用。

→ 特种兵能否边攀登边射击

虽然现代特种兵在执行作战任务的时候会尽量避免攀登高楼大厦或陡峭悬崖，直升机或运输机会将他们运送到既安全又方便前进的地方，但是特战有很多难以预料的变故，不可能事事如意，所以必要时特种兵仍然需要施展自己的攀登技能，以便秘密潜入目标区域。

攀登是每名特种兵必须熟练掌握的一门专业技能。为达到"遇到河流能架桥，遇到高山可攀越，遇到悬崖会下降"的目的，特种兵在日常训

正在攀登雪山的陆军特种部队士兵

练中，不仅要在营区对攀登课目进行苦练，还要在高强度的连贯作业中，同时穿插岩壁攀登训练。

为了更有效率地攀登，现代特种部队会使用一种专业的枪械将带有抓钩的绳子射到目标点。在某些影视剧中，特种兵在攀登过程中可以一手抓着绳子、一手拿着冲锋枪射击，同时身体左右摆动以躲避敌人的攻击。虽然这样的镜头颇具观赏性，但并不符合现实情况。真实的攀登过

程并没有影视剧中表现得那样轻松，在摇摇欲坠的绳子上，特种兵能做的只有一件事，那就是尽量控制身体不要大幅度摇摆，不给绳子任何脱钩的机会，否则在悬崖峭壁上就只有死路一条。

特战中的攀登是一件很累也很危险的事情，特种兵通常不会有民间攀岩爱好者那样周密的安全措施，所以必须将全部精力放在攀登动作上，警戒和掩护任务只能交给尚未开始攀登和已经到达顶部的队友。

陆军特种部队士兵在攀登峭壁

→ 两种滑降方式孰优孰劣

滑降是攀爬技术中一种重要的技术手段，主要是人体利用安全带、绳子（专用绳）和下降器等装备进行下降的一种技术。这种下降技术源自传统登山攀岩运动，现在也被各国特种部队普遍采用。特种部队的滑降方式主要有游绳滑降与利用滑降锁下降两种。两种方式各有优、缺点。

游绳滑降，也就是特种兵直接抱着绳子滑降。这种滑降方式使用的是粗绳，仅仅靠手抓和脚夹绳子往下滑，如果出现失误，就会摔伤甚至摔死。游绳滑降需要较厚的重型滑降手套以及具有耐磨垫设计的靴子，作战服最好也是耐磨防热的。游绳滑降的优点是下降后无须解绳索,可以直接投入战斗。缺点是危险系数高,并且不适合过高的建筑物的滑降。

特种兵利用滑降锁下降,通常使用细绳,佩戴一般滑降手套即可。主锁一般为"8"字环,这种方法由于有绳子缠绕主锁,相对更安全。摩擦的热量主要集中在主锁上,不容易磨损特种兵的衣服,但下降后要将主锁从绳子缠绕中解出,所以花费的时间比游绳滑降更多。

正在进行游绳滑降的海军特别行动团士兵

士兵利用滑降锁下降

特种兵为何青睐索降而非机降

直升机在军事上得到了广泛的应用,如对地攻击、士兵投放、物资运输、抢险救灾等领域都可以看到直升机的影子。而在特战中,直升机更是必不可缺的机动载具。在新闻和影视剧中,我们经常会看到特种兵采用直升机索降的方式迅速进入船舶或建筑物内部,很少会采用机降(直升机降落)的方式。这并非特种兵爱出风头,而是有特殊的原因。

所谓索降,是指特种兵从悬停在低空的直升机上,通过一根软绳滑到地面上的着陆方式。如果把软绳换成绳梯，就称为梯降。众所周知，直升机可以在距离地面很近的地方飞行，可以悬停在空中，可以在不改变机头方向的情况下机动飞行，而且直升机是垂直起降的，与固定翼飞机相比它只需要较小的空间就可以完成起降。然而，这并不意味着直升机可以随时随地地降落，它也有许多需要考虑的因素。

　　在特战中，特种兵很少有机会提前侦察地形，也就无法准确评估直升机的降落环境。直升机有可能降落到沙地、沼泽等一些较软的地面，导致机身下陷，造成不小的麻烦。虽然直升机和固定翼飞机相比起降所需的用地面积要小，但是也不是随便一小块地方就能满足的。一般直升机的旋翼直径长达20米，有些重型直升机会更长。在一个陌生的环境里，很难快速找到合适的降落地点。如果强行降落的话，很容易被树木和山体伤到旋翼。即便找到了合适的降落地点，地面上的沙尘、杂草等一些异物，在直升机降落时不仅会对发动机造成损害，还会影响驾驶员的视线。

爱尔兰陆军游骑兵联队士兵索降至军舰甲板

　　在实战时，直升机的投放地点大多是敌方腹地，特种兵必须速战速决。如果采用机降的方式投放特种兵，不仅需要花费时间降落，还要等待特种兵全部下机，最后还得重新起飞，整体时间将大幅延长。时间越长越容易被发现，要知道，直升机和坦克不同，它的防护力有限，降落的直升机就如同拔了牙的老虎，一具廉价的RPG-7火箭筒就可以轻易地摧毁它。

　　直升机采用索降的方式投放特种兵，不仅可以节省时间，还可以在特种兵索降时充当警戒，必要时可以给特种兵提供火力支援。

　　当然，索降一般只有投放特种兵才适用，如果是救援受伤人员或者运输物资的话，就会选择机降，因为从高空扔东西比较容易损坏。而且索降的时候直升机是不能移动的，这个时候也有一定的危险，就像一个停留在高空的靶子。

正在进行索降训练的突击队士兵

如何实施军事自由跳伞

　　根据美军战地手册，军事自由跳伞（MFF）是理想的人员投送手段，包括且不限于渗透部队、机组人员、先遣开路人员、特殊战术小组等。MFF 主要应用于地形交通限制、敌方防空覆盖、政治敏感区域条件下执行秘密任务。MFF 人员在任务区外跳伞，使用滑翔伞空中机动进入目标任务区并降落，以规避防空火力打击和激化敏感地区（避免领空跨越或空域申请引起事端）。

　　MFF 最初是作为一种渗透战术加以应用的，为部署于越南的美国陆军特种部队所采用，该举措大获成功。之后，美国联合特战司令部直属的两支特种部队，即海军"海豹"突击队和陆军"三角洲"特种部队，将该战术细分成了高跳低开（High Altitude Low Opening，HALO）和高跳高开（High Altitude High Opening，HAHO）这两种战术。

第 4 章

高跳低开，指的是在 35000 英尺（约 10668 米）平均海拔高度跳伞，在低于离地高度 6000 英尺（约 1829 米）的高度开伞。适用于防空力量比较弱的区域，并且要求离机位置不能偏离降落点太远。

高跳高开，指的是在 35000 英尺（约 10668 米）平均海拔高度跳伞，在高于离地高度 6000 英尺（约 1829 米）的高度开伞。适用于防空区外投送（飞机不进入防空区），并且能在不被发现的情况下深入敌后。

高跳低开和高跳高开是一个技术框架下的产物，但是因为执行细节不同（还有执行高度的不同）所用装备也会有差异。MFF 用的伞具中比较常见的是 MC-4 滑翔

法国陆军伞降突击群士兵

正在跳伞的巴西海军战斗潜水员组士兵

伞。除了伞具和包之外，MFF 伞具都会加上一个自动开伞器（ARR），确保在预设高度开伞。ARR 的预设高度通过专用的高度计算器计算确认后由跳伞长设置输入。因为高跳低开和高跳高开都需要滑行到指定地点，每名跳伞队员身上都必须要有导航面板（大多是胸口位置），面板上有 GPS 导航和罗盘。位置充裕的话，还可以加上地图和高度计。

民间跳伞表演大多在海拔 2000 ~ 2500 米，这个高度不需要考虑供氧。而 MFF 的高度则取决于任务需要，需要的滑行距离越远，所需高度

就越高。当跳伞海拔超过 6000 米时，跳伞前就要开启随身供氧，氧气瓶就绑在跳伞队员身前。因为需要执行夜间任务，MFF 的伞具和人员身上都会增加可见光识别附件（MFF 跳伞过程中禁止使用头戴夜视仪）。

奥地利突击队士兵正在跳伞

因为跳伞的特殊性，MFF 人员身上除了伞包和挽具之外，还要有各种五花大绑的任务装载。武器要捆扎固定，携行装具还要专门处理。伞降装具不仅仅是背包，还有一套带有快速释放功能的伞降专用携

葡萄牙陆军空降探路者连士兵在收拢降落伞

行系统。这样设计的主要原因是让人员在接近地面时减轻重量，减少冲击力，减少受伤，提高安全性。

常规空降部队的大规模伞降是采用强制开伞（固定索开伞）的方式，俗称"拉绳跳"，它与 MFF 的区别较大。"拉绳跳"用的都是圆伞和方伞（圆伞的变体），而 MFF 用的则是滑翔伞。"拉绳跳"在机舱内就需要将开伞绳扣上舱内的专用固定索。跳伞队员依次离机之后，定长的开伞绳会因为固定索的阻滞而直接拉开伞包，放出导引伞，随后主伞开启。MFF 虽然也是一样先开导引伞，再开主伞，但是开伞的操作是由人手操作，在空中自由落体的过程中进行的，而不是在机舱内。此外，因为开伞时间滞后，MFF 的降落过程中有一段是自由落体，下落速度非常快。而"拉绳跳"是立即开伞，下降速度没有那么快。

→ 陆上行进技能是否已经落伍

现代特战的渗透方式可粗略分为空、陆、水面与水下四类，每一类都可再细分为各种特定的执行方式，例如，高跳高开、高跳低开与低空低开的跳伞方式，或是跳伞入水再以潜泳渗透的复合式。无论哪种渗透方式，特种部队最终的作战行动都是在陆地上进行，因此陆上行进不但不是落伍的技能，相反还是重要的技能。

特种兵陆上行进训练的第一课是距离。每一名特种兵都要知道自己所踏出每一步的距离，也要知道自己在平地、上山与下山时踩出多少步的距离会刚好是 100 米，时间也要在掌控中，每小时与每千米的行进速度和时间都必须能在任务要求内进行最佳的调整。在一般的任务中，地图上的距离需要以特种兵的双脚来测定，而在暗夜的丛林与陌生的国家，这项技能更能彰显出其重要性。

陆军士兵参加陆上行进训练　　　　　　海军特别行动分队士兵在野外行进

特种兵陆上行进训练的第二课是方位断定。虽然利用卫星定位已经普及，但是指北针、星象、海潮与植被判断等传统的方位判定技巧仍是特战部队的重点训练科目。另外，利用日月星辰与手表指针角度、投射于地面的阴影来进行经度与方位的判定，也是野外求生课程中一项重要的评分标准。例如，常见的指针手表方位判定法：利用阳光投射下的阴影置于时针与分针夹角的中间方位，则 12 点所指向的方位即是北方。此外，利用地图的判读以推定方位也是一种常用的方法。而在丛林间，先以指北针定出方位，以该方位上某一标定点为目标前进，抵达目标后再沿同一轴线标定下一标定点，并且每隔固定距离便取出指北针进行确认。

距离是以特种兵的脚步为准，所以特种兵行进时必须记得步数，如此便可确保行进方向与距离准确无误。不过，这种方法在沙漠与草原等环境未必适用，所以特种兵要熟练掌握多种方位判定技能，在实战中灵活运用，如此才能使自己不会因为迷路而导致任务失败，甚至丧失生命。

特种兵如何有效伪装自己

特种兵在野外作战时，利用地形伪装是一种简便易行的方法，也是非常有效的方法。善于伪装的特种兵，能够与周围环境融为一体，让敌人难觅踪影。懂得如何利用自然环境，是成功伪装的重要因素。不破坏周遭环境、尽量与环境融为一体，是伪装的最高指导原则。

利用地形伪装有两个方面。一是利用地形的遮蔽能力。在战场上，高低起伏的地貌和凸出地面的地物，都能造成不同范围的观测盲区。在山岳丛林地，草深林密、山岭起伏、沟谷纵横，是特种兵隐蔽及活动的天然遮蔽。如果能充分加以利用，敌人便很难发现目标。二是利用有利的自然背景使自己不那么显眼，使自己处在与服装颜色相似的背景上，或者利用阴影和暗色的自然斑点，尽量避免使自己的身体形状投在明亮单调的背景上，都能降低暴露的概率，使敌人难以辨别发现。

穿着迷彩服的巴西里约热内卢宪兵特别警察行动营士兵

特种兵要融入自然环境，就要对当时当地的色彩、条纹、树枝形态、植被密度和景深有所了解。在转移阵地时要养成根据周边景物的变化，随时调整自己伪装的习惯。例如，在树林中隐蔽时，最好给作战服插上树枝树叶。而转移到草地时，要及时丢弃树枝树叶，换成草堆伪装。当然，特种兵毕竟不是变色龙，不可能在行进过程中随时随地根据环境变换伪装。但无论如何，都要牢记一条基本原则：在战场条件无法满足成功伪装的要求时，尽量使用深色进行伪装。因为人眼对深色物体的敏感度，要远低于浅色物体。

利用干草伪装自己的特种兵

在野外作战时，要牢记不要站在浅色的岩石上，它可以将人的轮廓清楚地映衬出来。同时，当敌人准备射击时，浅色的岩石又会使步枪的黑色缺口、准星看起来很清楚，便于瞄准。另外，在山地行进时，背景色的原理同样有

藏身在岩石凹处的特种兵

效。一名训练有素的特种兵，不得不沿山脊行进时，他一定会想办法让自己的身体低于山脊。对于隐藏在山下的敌人来说，天空是最佳的背景，他可以清清楚楚地发现和瞄准山脊上的人。

当地形条件不足以达到伪装效果时，就必须采取人工措施来进行伪装。特种兵的人工伪装主要是处理好服装、头部和武器。

各国特种部队都会配备迷彩服等伪装性质的作战服，可对付敌人的可见光侦察和近红外侦察。当没有制式的伪装服时，可用泥土、石灰、煤灰等材料加上胶合剂，涂抹军服、麻片、帆布等制成与环境相应的应用伪装衣，或者根据背景颜色把网状织物扎上布条、杂草、树枝等制成伪装衣。此外，还可用小树枝、杂草、布条等糊成伪装带，使其缠绕上身和头部，以改变身体的外形，降低显著性。

对于头部的伪装，可给头盔涂刷不规则的斑点图案，或者用暗色织物、

小布袋做的网罩套在头盔上，并在其上编插树枝等伪装材料。另外，也可在距头盔边缘 1～5 厘米处套上橡皮带，并插上树枝等材料进行伪装。

对于枪械，可用暗色宽布条缠绕，或使用伪装带并插上干草。这种做法主要有以下几个好处：可以防止枪械的金属部件和木制部件涂漆产生反光；可以避免枪械与周围硬物发生磕碰而发出声响；可以降低枪身的红外特征。

特种部队如何学习野外生存技能

特种兵通常在与主力隔绝的敌占区进行小组或单兵活动，行动的特殊性决定了特种兵所涉足的空间及环境的多元化，也决定了特种兵正常获得给养的难度较大，这就要求特种兵必须能应付各种人为或自然造成的意外情况。为了生存，为了安全，为了在任意地点完成各种异常艰巨的任务，特种兵必须掌握各种野外环境下的生存技能。

以美军为例，其野外生存训练分为室内教学与野外实践两个阶段。室内教学的主要目的是使特种兵了解野外生存的知识，并消除恐惧心理。这一阶段主要讲授有关野外吃、住、自救等方面的知识，并放映关于山野丛林生活的电影、幻灯片来介绍作战区域的地理环境，以及各种可能遇到的动植物。

野外实践的主要目的是让特种兵将室

陆军特种兵学习捕捉蛇类

内所学的知识运用于实际。在食品断绝的情况下，训练特种兵利用简便器材猎捕野兔、野猪、蛇；用肩章、领章、针、骨头做成鱼钩来钓鱼；采食野果、野菜；以及"钻木取火"和利用竹筒做饭等应急条件下就地取食的技能。此外，还要学会就地取材搭设临时的帐篷和床铺，以及利用野生药用植物医治伤病等。

其他国家的野外生存训练也各有特点。总的来说，各国野外生存训练的主要内容有以下三个方面：①基本军事技能的训练。这部分内容包括战术、射击、伪装、设伏、识图、体能训练等，使特种兵具备良好的单兵个体素质和强壮的体魄。②全面的心理素质训练。良好的心理素质能使特种兵在遇险时做到临危不乱，坚定求生的意志和信念，克服孤独、恐惧、饥饿、疲劳、伤痛等一切困难。良好的心理素质能够增强战胜恶劣环境乃至死亡的勇气，使特种兵能创造性地应用所学到的各种技能灵活有效地处置所遇险情，化险为夷。③野外生存技能的训练。这部分内容包括自救、互救、定向、求救联络、建隐蔽所、寻找食物和水源、采集野生植物、狩猎、自力脱险、规避风险、隐蔽与反隐蔽等生存技能的训练。

荷兰陆军特种突击队士兵参加野外生存训练

为了培养和提高特种兵濒临绝境的生存能力和自救能力，各军事强国都在加强训练基地的建设工作。在训练基地内，针对未来高技术条件下局部战争的特点，科学设计、构建和设置，根据战场环境，充分运用高科技成果，将声、光、电、烟和火融入基地建设。逼真模拟复杂、残酷的战场环境，使基地建设达到野战化，提高训练人员的心理适应能力。同时，运用先进的信息采取、数据传输和综合处理手段对训练实施指导、监控和评估，使野外生存训练基地科学化、系统化，发挥基地训练的最大综合资源效能。

特种兵需要学习哪些救护技能

特种兵在日常训练中，不仅会对自救、互救进行严格训练，还会针对伤员安全转运进行特别训练。古今战争中牺牲的士兵绝大部分是因救护不及时造成的。在激烈的战斗中，卫生员和医师不可能面面俱到，一旦出现紧急情况，特种兵可在黄金救援时间进行应急救援，所以特种兵必须具备救护技能。

战地救护主要包括止血、包扎、固定、搬运、转移五个步骤，只有准确而又迅速地完成这些步骤，才能在紧急间挽救一名伤员的生命。上述步骤中，至关重要且容易出现差错的就是搬运和转移。伤员在经过现场的初步急救处理后，要尽快将其转移到舒适的养伤地点，或者送到己方营地进行下一步的救治，这就需要转移伤员。如果转移工作做得正确且及时，不但能使伤员迅速得到比较全面的检查、治疗，还能减少在这个过程中伤情的加重和变化。如果转移不当，轻则延误对伤员进行及时

的检查治疗，重则使伤情恶化，甚至造成死亡，使现场抢救工作前功尽弃。因此，绝不能低估转移伤员的意义。转移伤员时，要根据伤员的具体情况，选择合适的搬运方法。

陆军特种兵在练习包扎技能

在仅有一位救护者时，可以采用的搬运方法有扶行法、背负法、爬行法和抱持法等。扶行法适用于没有骨折，伤势不重，能自己行走的伤员，救护者需要将伤员的一侧上肢绕过救护者的颈部，然后用手抓住伤员的手，另一只手绕到伤员背后，搀扶行走。背负法适用于体轻、清醒的伤员，并且没有上肢、下肢和脊柱骨折的情况。救护者需要朝向伤员蹲下，让伤员将双臂从救护者肩上伸到胸前，然后抓住伤员的大腿，慢慢站起来。爬行法适

用于在狭窄空间或浓烟的环境下，搬运清醒或昏迷伤员。抱持法适用于没有骨折，体重较轻的伤员，是短距离搬运的最佳方法。救护者需要蹲在伤员的一侧，面向伤员，一只手放在伤员的大腿下，另一只手绕到伤员的背后，然后将其轻轻抱起。

　　在有两位救护者时，可以采用的搬运方法有轿杠式和双人拉车式。轿杠式适用于清醒伤员，具体方法是：两名救护者面对面各自用右手握住自己的左手腕，再用左手握住对方右手腕，然后蹲下让伤员将两上肢分别放到两名救护者的颈后，再坐到相互握紧的手上。两名救护者同时站起，行走时同时迈出外侧的腿，保持步调一致。双人拉车式适用于意识不清的伤员，具体方法是：一人站在伤员的背后将两手从伤员腋下插入，把伤员两前臂交叉于胸前，再抓住伤员的手腕，把伤员抱在怀里，另一人反身站在伤员两腿中间将伤员两腿抬起，两名救护者一前一后地行走。

海军陆战队突袭兵团士兵正在转移伤员

　　在有三位或四位救护者时，可以采用的搬运方法有三人异侧运送、四人异侧运送。三人异侧运送的具体方法是：两名救护者站在伤员的一侧，分别在肩、腰、臀部、膝部，第三名救护者可站在对面，两臂伸向伤员臀下，握住对面救护者的手腕。三名救护者同时单膝跪地，分别抱住伤员肩、后背、臀、膝部，然后同时站立抬起伤员。四人异侧运送的具体方法是：三名救护者站在伤员的一侧，分别在头、腰、膝部，第四名救护者位于伤员的另一侧。四名救护者同时单膝跪地，分别抱住伤员颈、肩、后背、臀、膝部，再同时站立抬起伤员。

以上是徒手搬运伤员的方法，如有条件，也可以就地取材制作一副简易担架。用粗绳在两个竹竿间交叉结成锯齿状结构，即可做成一个简易担架。利用木棒与大床单折叠，也可快速制成简易担架。如果急救现场一时找不到粗绳或大床单，救护者可将衣裤脱下套在两个木棒之间制成简易担架。此外，还可以用大床单将伤员放在中央，两端卷起，两侧各站三人，一起抬起，搬运伤员。需要注意的是，凡是创伤伤员一律采用硬担架，决不可用软担架。特别是腰部、骨盆处骨折的伤员，更要选择平整的硬担架。在转移过程中，应尽量减少震动，以免增加伤员的痛苦。

→ 特种兵为何要学习外语

一方面，特种部队由于要深入敌方腹地执行隐秘、非常规的任务，因此有必要对目标国家的语言、文化和行为模式有一定的了解。另一方面，不同国家的特种部队会相互交流作战经验，尤其是专司反恐的特种部队，更是经常进行联合演练，倘若语言不通，无疑会影响交流的效果。因此，很多国家的特种部队都要求特种兵至少掌握一门外语，方便日常交流。

经常在境外作战的海军突击队

以频繁参加海外作战的美军特种部队为例，其成员都要进行专门的语言和文化训练。美军特种兵都是从常规部队选拔而来，这些士兵通过初选之后，要参加特种部队技能课程训练，美军也将其称为"Q课目"。"Q课目"的第一阶段是"特种部队培训与历史课程"，为期7周。第二阶段就是"语言和文化训练"，为期18～25周。根据特定语言对以英语为母语的人的难易程度，语言训练分为四类，一类或二类语言课程为期 18 周，三类或四类语言课程为期 24 周。学员接受三种基本语言技能的指导，包括口语、听力和阅读（有限），课程内容包括自然地理、社会制度、经济、政治、文化、基础设施等。学员要具备基本的一对一听说能力，只有通过两项口语能力面试才能完成第二阶段训练。之后，才能进行第三阶段的"小分队战术训练"（为期 13 周）和第四阶段的"军事专业岗位训练"（为期 14～50 周）。通过各个阶段的训练时长，就能看出美军特种部队对学习外语的重视。

→ 特种兵为何要进行战前被俘训练

俘虏是战争的直接后果之一，哪里有厮杀，哪里就会有俘虏，这是胜负任何一方都无法避免的问题。为此，许多国家的军队都会专门进行战前被俘训练，尤其是海外服役人员。特种部队常常以小队的形式在敌后执行绝密的作战任务，所以他们沦为俘虏的可能性比常规作战部队的官兵要大得多。因此，特种部队的战前被俘训练往往比常规作战部队更加严格。

以美国为例，其在 1981 年建立了战俘训练学校，主要训练课程为 SERE 训练，专门教士兵如何当战俘。SERE 训练的主要内容是"生存"（Survival）、"躲避"（Evasion）、"抵抗"（Resistance）、"逃跑"（Escape），而这也是训练名称的由来。SERE 训练的作用是让落入敌人手中的士兵有能力生存下去，同时在被俘时保持坚定信念，即对同伴不离不弃、不接受特殊对待、不与敌人合作。士兵被俘后最大的恐惧，往往不在于肉体折磨，而是对未知的恐惧。很多士兵不知道接下来会发生什么，对同伴也缺乏信任。战前被俘训练，可以帮助士兵填补这一心理空白。因 SERE 训练在战场自救上成效显著，西方国家纷纷效仿。直至今日，它仍是西方军队海外服役人员的标准训练项目。

自创建以来，美国战俘训练学校的训练内容不断演进。"9·11"事件后，样式更加丰富。培训课程中，除了最早的战争俘虏外，还包括和平时期政府拘留和人质扣留两种场景，但是后两种场景的训练强度，跟 SERE 训练还是无法相提并论。

美国战俘训练学校中的模拟战俘营不准外人出入,保密极其严格。模拟战俘营与真实的敌军营地相差无几,有瞭望塔、铁丝网、水泥房监狱和金属笼子,甚至还伪装墓地,上面插着十字架,营造恐怖氛围。营地里发生的一切关于"俘虏"和"看守"之间的行为,都是由专业人士细心编排的。"敌军"穿外国军队服装,说外国语言,压榨甚至剥夺被关押者的睡眠、食物,反复播放刺耳音乐,并运用二战期间的对敌策略来进行审问。在营地里,如厕需要通报,获准就在地上挖个洞解决。

SERE 训练一共持续 19 天,前 10 天为课堂教学,讲述"生存""躲避""抵抗"和"逃跑"四项训练的种种要领,而剩下的 9 天将进行实践训练。根据训练计划,在生存训练中,受训者要学会在很少甚至无水与食物的条件下,靠雨水、地沟水(甚至脏水)、树叶、野草、野兽和昆虫存活下来,而且要保持战斗力。受训者被扔在植被繁茂的原始森林中,同时还要躲避配有追踪犬的"敌军"。为增加训练难度,受训者被剥口粮,食物自给自足。这意味着,受训者要懂得哪些动植物可食、可抓以及如何抓捕,懂得取水、保温、防虫等方法,并能处理简单的伤病。

空军特种兵参加 SERE 训练

在躲避训练中,受训者要学会在负伤的情况下,如何躲避敌人的追捕,以及在无弹药的情况下,使用可能得到的锐器、硬物,甚至徒手与敌人搏斗;在抵抗训练中,受训者要学会在被俘以后,如何顶住敌人的种种折磨。由于保密需求,躲避训练的具体细节很少为外界所知。在这里,受训者吃不饱、睡不足,再加上不断地盘剥与审问,承受着体力、心理和情绪上的三重折磨。

至于逃跑训练,目前还没有可靠的、能轻易得来的从监狱逃跑的法则。事实上,即或是有,法则本身也不会永远都有效,而对那些不能严格遵守的战俘来说，可能还会造成严重的后果。在逃命的情况下，无论是在监狱牢房，还是在规避追捕者的过程中，士兵必须有明确的目标和强烈的生存欲望，这是摆脱困境的先决条件。一个成功的逃跑计划要靠运气，也要靠判断力才能顺利实现。战俘要注意监狱中对自己有利，并可以加以利用的规律。在此基础上，在脑海中建立起一幅监狱是如何运行，何时、何地守卫设防较少的轮廓图。此外，还要有一个周密的逃跑计划，并在脑海中反复演练，加入各种意外，以便检验计划的有效性。在考虑逃跑的期间，这种基本的精神准备工作能促进逃跑的欲望和动力。

　　SERE 训练分为 A、B、C 三级，以 C 级难度最大。C 级的培训对象主要包括特种兵、伞降信号兵、王牌飞行员、机组成员等。这些人的共同特点便是被俘风险高。SERE 训练之所以有效，是因为在承受压力和痛苦的过程中，人会获得免疫能力。通俗来讲，即一个人身体承受的冲击越多，他的承受力越强。经过了模拟战俘营的折磨后，士兵往往更愿意战死沙场，因为"被俘"后遭受的折磨让他们刻骨铭心。

陆军特种空勤团士兵在境外作战

第 5 章
战 术 篇

特种部队主要担负袭扰破坏、敌后侦察、窃取情报、心战宣传、特种警卫及反特工、反偷袭和反劫持等任务。本章主要就特战所采用的战术进行解答。

→ 概 述

在 21 世纪以来的几场局部战争中，各国特种部队充分体现了装备精良、训练有素的优点，采取方式多样的作战手段和灵活多变的战术战法，取得了良好的作战效果。比较典型的战术战法有以下五种。

（1）击敌要害。主要是对敌国首脑或军队指挥机关等要害目标实施暗杀破袭。例如，在阿富汗战争中，美军精选 100 名特种兵组成突击队，从停泊在印度洋的"小鹰"号航母乘直升机直接飞抵阿富汗南部城市坎大哈，突袭塔利班首领奥马尔的住所兼指挥中心。

（2）分进合击。以分队为单位在敌方纵深地区分散部署、独立作战，在执行重要任务时则迅速集结，在战场局部形成关键性优势。例如，在伊拉克战争中，美军特种部队在地面战伊始，即调遣部署在附近区域的 4 ～ 5 个突击队全力抢占基尔库克、鲁迈拉等大型油田，并派遣海军陆战队特战力量突击控制了伊拉克南部的数个港口，挫败了伊军炸毁油井延缓美军进攻的计划。部署在伊拉克西部地区的美英特战分队也以"分散搜寻、集中打击"的方式，破袭夺占了多个导弹发射装置。

陆军游骑兵联队的五人小队

（3）快打快收。鉴于特战分队人员少、火力弱、不耐久战，强调短促突击、速战速决。在阿富汗战争、伊拉克战争中，大部分特战行动都控制在 5 ～ 6 个小时，有效保障了行动部队的安全。在阿富汗战场，美军使用"蛙跳"战法，派遣特战分队，搭乘武装直升机深入阿富汗纵深地区，采取"打了就跑，毫不恋战"的战术，寻找并打击要害目标或在空袭中幸存的目标，成为对付塔利班和"基地"组织零散而隐蔽的小股武装最有效的办法。

（4）察打一体。既发挥战场突击能力强的优势，深入敌后破袭军政要害目标，又利用机动能力强、侦察装备先进、熟悉地区实际情况等特长，执行战场侦察监视、秘密情报搜集及反情报战等任务。在伊拉克战争中，美国特种部队除利用自身力量攻击敌方重要目标外，还担负引导火力打击、评估毁伤效果等任务。例如，在"斩首行动"中，特种兵通常在轰炸后及时赶到现场，将带血的军装带回进行 DNA 检测，以确认目标是否被打击身亡。

（5）打慑并举。在战前或战中，通过出其不意的摧毁或夺占敌方战略纵深或后方警戒严密、防守力量较强的要害目标，力求收到心理震慑效果。

训练中的奥地利突击队士兵

特种部队如何配合常规部队作战

现代战争中，特战是常规作战的有效补充。特种部队主要执行非常规作战，可以辅助正面战场，起到正面战场"倍增器"的作用，因此需要高度灵活，这就使特种部队没有重型武器和装甲防护，不能完全用于正面战争。特种部队在进行非常规作战时，通常会有七个阶段，各阶段的行动如下。

1）心理准备阶段

心理准备阶段，是指让潜在特战区域的抵抗组织和民众接受特种部队的到来。特种部队在和平时期时应与当地人士进行正常的接触，以加强关系和为接受特种部队援助做好心理准备。

2）初期接触阶段

初期接触阶段，是指在特种部队进入作战区域之前，政府机构通常已经与抵抗组织有所接触。而这种接触对于判断作战地区的抵抗潜力非常重要。战区特战司令部通常会组织力量设法从作战区域秘密接出抵抗组织的一名首领，让他向特种部队介绍情况，并在之后的行动中充当向导。

3）渗透阶段

特种部队携带各类设备秘密潜入联合特战地域，与抵抗组织建立接触，并与中间前进作战基地建立联系，然后前往游击队基地或其他安全地点。在潜入作战区域后，特种部队开始了解该地区的详细情况，判断已掌握情报的对错。

4）组织阶段

在组织阶段，特种部队将与共同作战的己方常规部队建立良好的关系，以便在指挥与控制方面取得一致意见。然后建立己方常规部队与特种部队联合指挥与控制的地区司令部，负责指挥、控制、协调和支援作战地区的所有抵抗活动。特种部队的小队长担任司令部顾问，司令官则由己方常规部队首领担任。

5）扩建阶段

在扩建阶段，特种兵应帮助己方常规部队进行情报搜集和分析，并协调后勤保障工作，监督己方常规部队招募新成员，以防己方常规部队利用特种部队提供的资源，做出不义之事。

6）作战阶段

进入作战阶段，特种部队会进行各类破坏性行动，其攻击的目标系统主要包括公路系统、水路系统、航路系统、铁路系统、通信设施、淡水系统、电力系统、油料供应系统和防空系统等。其具体手段为伏击、突袭、布雷和狙击等。

特种部队的小队长要密切协调抵抗活动，以补充和支援常规军事行动。其协调工作的主要内容是将抵抗组织的作战行动纳入战区情报搜集计划的范围，以确保抵抗组织脱险和破坏活动等。

在抵抗组织发展壮大后，特种部队应采取以下作战行动：①扰乱和破坏敌方指挥控制系统和后勤系统，以配合常规部队的纵深作战；②切断、封锁目标地区的交通要道；③攻击敌方防空系统和纵深攻击武器系统，以支援常规部队对敌方主要武器的火力压制；④在一段时间内占领敌方重要地形地物或设施，以支援常规部队实施机动；⑤对敌实施欺骗和节省兵力的作战行动，以保证常规作战部队指挥官在其他地区集中使用兵力；⑥在一段时间内夺占桥梁和发电厂等重要设施，以防敌人破坏；⑦分散敌人对主要作战地区的注意力，牵制其主要作战地区的兵力和兵器部署。

7）解散阶段

解散阶段是指特种部队在达到预期目的后就应解散。为防止新政权出现内部纠纷，特种部队在最初还需留在作战地区内，帮助抵抗组织进行内部宣传等工作，以确保影响力和控制力。

全副武装的陆军特种突击队士兵

在积雪地带作战的海军突击队士兵

→ 特种部队如何进行反游击战

现代特战发展成熟以后，最初主要用于对抗正规军队，并以敌后袭击作战的方式配合正规部队的行动。但是二战之后，世界格局发生了重大变化，以美国和苏联为代表的两大阵营逐渐形成。在两大阵营相互牵制的情况下，大规模的正规部队作战受到很大的限制。各军事强国在干预他国的国内局势时，为了避免形势失控，开始将特战当作一种灵活、隐蔽和可控的干预方式。而被干预国家为了进行反抗，普遍使用游击战来进行对抗。于是，现代特战与游击战展开了激烈对决。

美国空军伞降救援队士兵

20世纪50年代，苏联特种部队正式形成后，很快就被用于对付游击队。而苏联解体后，俄罗斯也继承了这一传统，把特战当作打击游击战的有效手段。其中，第二次车臣战争就是一次成功的尝试。战争

葡萄牙海军特别行动分队士兵

期间，车臣非法武装人员采用典型的游击战法，他们以25～30人为一个战斗编组，在较大地域内灵活运用伏击、袭击、狙击等方式攻击俄军。而此时俄军已经形成了"特种战役"理论，并在车臣进行了实践。俄军

特种部队对付游击队的一个重要方式就是使用特种小分队实施"斩首攻击",并在非法武装的营地生擒了车臣二号人物——拉杜耶夫。在遇到顽强抵抗时,俄军特种部队则使用"引导攻击"的特种战法,使俄军的火力优势得到充分发挥。这种特战模式在很大程度上抑制了非法武装的游击战术。

至于特战经验丰富的美国,在反游击战方面的主要特点就是高技术作战手段的运用。在高技术侦察监视手段与精确打击手段的综合运用下,美军特种部队的反游击战颇有成效。其中,最引人注目的是阿富汗战争的"蟒蛇行动"。在行动中,塔利班和基地组织成员试图利用山区复杂的地形掩护,采用灵活的游击战来对抗美军。而美军并没有采用传统的地面部队围剿战法,而是主要使用精干的特种部队深入山区实施反游击战。这是一场特战与游击战的正面对抗。发现武装人员后,美军特种部队不是进行直接交火,而是利用通信工具呼叫空中精确火力进行打击,并用手持式引导装置为精确火力提供引导,极大增强了火力的打击效果。在这种新型的特战打击下,对手的游击战被极大压制。

特种部队有哪些渗透手段

所谓渗透,并不局限于很多人理解的潜入敌人内部再配合外部进攻的模式。在不被发现的情况下,抵达敌方防线极近的边缘然后再发起正面袭击,也是渗透的一种。根据执行任务的部队的训练方向以及可用资源,特种部队可以使用多种手段进入任务区域,典型的手段有以下几种。

乘坐地面战术车辆的海军突击队士兵

(1)潜入。当敌人无法完全顾及自身防线的每一处而出现漏洞的时候,经验丰富的特种部队能够以小分队的形式越过战线。这样的渗透一般在夜间进行。

（2）地面战术车辆。早在二战的北非战场，英国陆军特种空勤团就开创了在车辆内进行渗透的行动模式。在"沙漠风暴"行动中，美国陆军和空军特种部队则利用中型或重型直升机将车辆投放至地面以对敌方的"飞毛腿"导弹系统进行快速打击。

（3）直升机。夜间借助绳索、绳梯或快速出入口进行机降。特种部队通常倾向夜间作战，特种兵都希望能在夜幕的掩护下进行机降及其他行动。然而根据现实需要，有时也会被迫选择在日间行动。

韩国海军特战战团士兵从水下渗透

澳大利亚陆军第2突击团利用直升机进行渗透

（4）伞降。基本在夜间进行，并视情况选择是高跳高开还是高跳低开，以尽可能避免空投飞机被敌人发现。

（5）舟艇。通过水面舰艇或者直接由直升机投放小艇来跨越内陆水系。

（6）水下。通过游泳、水面舰艇或者潜艇渗透。一些受过特定训练的特种部队，例如，美国海军"海豹"突击队和英国特种舟艇团可能会选择在宽阔水面直接伞降，再潜入水下，最后游向目标位置。

值得一提的是，特种部队在单次任务中未必只使用一种渗透手段，而是根据实际需要灵活选择多种渗透手段。

特战小队如何进攻敌方阵地

虽然特种部队会尽量避免与敌人发生正面冲突，但作战状况无法完全如人所愿，因此特种部队制定了小队的接战三大原则：在最短时间内，以最大火力，给敌人最大伤害。而个人的接战三大原则：不浪费弹药，不浪费时间，不给敌人任何机会。

一般而言，一支特战单位都会依其火力与任务划分为几个不同的组，包括尖兵组、火力组、支援组与攻击组等。火力组还可再细分为重火力组与一般机枪火力组。此类编组的火力配备各有不同，例如，尖兵组配发的可能是附有消声器的冲锋枪，攻击组配发的是一般的突击步枪，支援组则配发特殊装备或是定点支援火力（例如，迫击炮），重火力组通常配发榴弹发射器，一般机枪火力组则是以通用机枪为主。

在进攻一个典型的班哨（由一个班的兵力担任的宿营警戒）或是小部队临时驻扎地时，火力组会在后方，尖兵组会先行摸索到哨兵附近，攻击组最少应分两组，从不同的方位进攻。当哨兵被清除后，重火力组先以榴弹攻击敌方弹药、军械、油料或车辆集结地，制造爆炸与混乱，或是针对机枪阵地、通信室、探照灯给予第一波攻击，降低其反击与求援的机会。一般机枪火力组于爆炸的同时扫射责任目标区内所有移动的目标，并给予致命的一击。攻击组随后跟进，清除、解决所有不必要的活口，并对该地区作初步的战场经营。而尖兵组与一般机枪火力组此时仍留于原地不动，静候攻击组的信息，同时也伏击少数逃过前三波攻击伺机脱逃的敌人。攻击组清除确认后，尖兵组为哨兵，火力组与支援组开入，进行第二阶段的战场经营。完成后撤离交战区，前往指定地点集结或是接受下一次任务指令。

值得一提的是，在发起攻击之前，任务区的观察与情报搜集，各组的攻击路线与火力轴线、自由猎杀区与火力扇面，敌我情势的分析、比较，都是缺一不可的，否则在攻击计划制订时便会有疏漏，而一个不完善的攻击计划不但会导致任务失败，还可能会使全队被歼灭。

装备轻机枪和突击步枪的特种部队士兵

海军突击队士兵操作车载机枪

特战小队如何设置防守阵地

在防守作战中，特战小队需要利用不同火力编组来分配作战任务，依地形与敌我情势的不同来决定阵地类型，最常见的就是"火力口袋"与"交叉火网"，即"U"字形、"X"字形、"Y"字形、"Z"字形的阵地。"U"字形的阵地就是"火力口袋"，而"X"字形、"Y"字形、"Z"字形的阵地则是"交叉火网"，标明了火力轴线与猎杀区。在"X"字形、"Y"字形、"Z"字形的阵地设计中，通常还要预留一条路线给敌人逃脱之用，然后再用这条预设的脱逃路线给予敌人最后一击。相比之下，"U"字形的阵地设计是将敌人诱入"口袋"一次性解决。

除了阵地的设计之外，阵地的布置也是一门学问。特战小队不仅要提前制订预备计划与紧急应变计划，设立撤退路线与备用攻击位置，还要事先安排诡雷区、装备集结区、伤患留置区与任务集结点等位置。当然，敌人的人数、火力与装备等情报也需事先搜集，情报越详细越有助于一个完备计划的制订。

防守作战中的特种部队机枪手　　　　　防守作战中的特种部队狙击手

→ 特战小队遭遇伏击时如何反击

　　无论一支部队多么骁勇善战，在不幸遭遇伏击时都有可能伤亡惨重，甚至被全歼。因此，特种部队士兵必须接受伏击和反伏击方面的训练，包括在伏击圈中做出应急反应，使用火力和位置移动相互掩护逃出伏击圈，以及在伏击中直接对伏击对象的侧翼进行打击。上述伏击和反伏击作战技巧，都需要在真实作战环境中进行大量训练才能获得。总体而言，准确的情报、周密的计划、良好的战术素养，是伏击与反伏击成功的三大要素。

　　与伏击相比，反伏击无疑要困难得多。在敌我势均力敌的情况下，伏击与反伏击的胜负比例约为 3 ∶ 1。敌人已经事先做好万全准备，特战小队不仅要防守还击，还要反攻回去，最低限度也得保障自身的生命安全，实在不是一件容易的事情。由于反伏击区域的地形地貌与敌人的作战风格不是每次都能事先预知，所以反伏击成功的唯一诀窍就是密集且重复的练习。

法国国家宪兵特勤队士兵以汽车为掩护物

反伏击只有整个特战小队默契配合才有可能成功，在遭受伏击的一瞬间，所有人应面对火力轴线趴下，第一时间进行还击，并依序报告敌方火力轴线与射界给队长，队长根据全队人员报告的信息分析敌我形势，决定反击方法与路线后通知队员开始行动，同时全队人员以最大火力还击、压制敌火，掩护己方的行动。因此，个人的临场反应、小队之间的配合与支援、领队的经验与判断都影响整场反伏击的结果。

→ 室内近距离战斗为何至关重要

室内近距离战斗（CQB）是各国军方及警方的突击队、反恐特勤队、危机处理小组、特殊武器和战术小组等特勤单位在执行特种勤务时所采用的一种战斗技巧及战术。这种战斗技巧及战术和传统的野战、丛林战完全不同，且大多在敌方指挥部、大楼、民宅等室内环境中使用，所以这种战斗技巧及战术被称为"室内近距离战斗"，但并不是在室内发生的所有战斗都称作CQB。

由于高度城镇化、犯罪形态及战争形态的改变，特勤单位在执行格杀、破坏、逮捕等任务时使用室内近距离战斗技巧及战术的频率也越来越高，因此，各国特勤单位大多把CQB列为特勤人员的必修课目。各国特勤单位的CQB战术大多源自英国陆军特种空勤团，它可以说是特种部队的先驱，其在"杀人屋"中发展的高强度房间清除战术受到多国特勤单位的推崇。

CQB的主要内容包括各种近身格斗技巧、枪械的配备、装备携带、人员编组、战斗位置、火力配置、队形、通信及其他先进电子器材的应用等。在各地的部队风格、传统、法律限制、道德观念等主观与客观因素的影响下，各国的CQB教材及观念也有一定差异。

成功的CQB要有多项因素的配合，首先在攻击前尽可能搜集完整的现场情报，进行分析研究，确定最佳的攻击时机，以达到攻其不备的突袭效果，1997年日本驻秘鲁大使馆的挟持人质事件就是一个典型的成功例子。发动攻击后如果与敌人相遇或接触时必须以最凶悍的态度控制场面，从气势上压倒敌人使其感到恐惧而不敢轻举妄动，如果有必要可运用手中的武器增加敌人的心理压力，此时切忌心存迟疑或对状况处理犹豫不定。执行任务时情况瞬息万变，务求以最快的速度解决敌人并控制局面，当然，平时的严格训练和运气也很重要。

美国和波兰特种兵联合进行 CQB 训练

罗马尼亚特警进行 CQB 训练

在搜索前进时应持枪还是据枪

特种部队在城市作战时，敌人经常藏匿在掩护物后方，这就需要特种兵逐一搜索可疑地区。在此过程中，特种兵随时都有可能遭到敌人的突然袭击，因此必须时刻做好战斗准备，而步枪的握持姿势就是一项关键因素。

特种兵在搜索前进时的步枪握持姿势通常分为持枪和据枪两种。持枪搜索前进时，枪托抵肩不贴腮，枪口约 45° 朝下；据枪搜索前进时，枪口略低于视线，轻微贴腮，枪口与视线略成水平。

许多影视作品中都会出现这样的镜头：特战小队展开典型的战术队形后，所有队员都采用枪口跟随视线移动的据枪动作。尤其是在移动速度减慢时，所有队员都会如临大敌地据枪而行，这种姿势不仅遮挡视线，而且后方队员的枪口指向前方队员，一旦遇到紧急情况，很容易出现误伤事故。

事实上，现实中的特种部队大多会选择持枪搜索前进。以美国海军"海豹"突击队为例，小队在建筑物内行动时，队员大部分时间都采用持枪搜索前进的姿势，而且队形转换时，还会采用枪口朝上的擎枪动作，确保小队内部的安全。只有在发现敌人的时候，队员才会做出据枪的动作。

在实战中，持枪搜索比据枪搜索更具优势。首先，据枪姿势遮挡视野空间。据枪的姿势，枪支占据了视线正前方的部分重要空间，特种兵只有不停地晃动枪身，才能不断扫视死角，一旦停止，就会在正前方出现致命的观察死角。

其次，据枪姿势更容易使肌肉疲劳。枪支的重量全部在双手的持握上，而且要保证随时移动，无疑会带来更严重的肌肉疲劳。相反，持枪姿势枪口朝下，枪支重量主要靠肩背部的枪背带牵引，双手可以相对放松，发现情况能够迅速反应。

正在搜索前进的法国国家宪兵特勤队士兵　海军突击队士兵据枪搜索前进

➜ 特种部队如何实施冲房战术

"冲房"是一种房间突入与清除战术，包括各种小组战术技巧。当特种部队在城市环境作战时，冲房突击行动往往是不可或缺的战斗环节。

1）冲房队形

在冲房突击行动开始前，特战小队会在目标房间门外排成单纵队，有利发起冲击时，队员鱼贯进入房间。英文称这种队形为"Snake"，与中文里的"长蛇阵"有异曲同工之妙。假设一支特战小队有7名队员，他们会在发起攻击前严格划分各自的职责。

队员1是特战小队的前锋，是第一个冲进房内的队员，通常由射击技巧高超且经验丰富者担任。冲房前执行门口处的警戒工作，防止敌人突然发难，从房间内冲出。门被打开后，负责投放震撼弹。在使用炸药爆破的场合，还会配备防弹盾，保护自己及身后队友。

队员2是特战小队的队长，同样担任前锋，当一切准备就绪后，负责向破门手下达破门命令。

队员 3 是队员 1 的掩护手，冲房前负责特战小队的侧翼警戒工作。一些特战小队会安排第三个冲进房内的队员穿上更高级别的避弹衣，因为预计他进门时，敌人刚好从震撼弹的巨响和强光中回过神儿来，会向门口处拼命开火还击。

队员 4 是队员 2 的掩护手，位置靠近后卫，当后卫队员另有任务或发生意外时，队员 4 便要兼任后卫。

队员 5 是特战小队的后卫，冲房过程中一直守在门外，负责左方的警戒工作。后卫属于辅助性质，可以由其他队员兼任。因此，当队中出现缺员情况时（例如，有队员受伤退出战斗），队员 5 将被抽调前往填补空缺。

队员 6 是整个特战小队的掩护手，冲房过程中一直守在门外，负责右方的警戒工作。

队员 7 是破门手，通常由身材魁梧、威武有力者担任，以霰弹枪或破门锤来破门。打开门后，破门手便要立即退往一旁，给其他队员让路。当小队中的后卫岗位被裁撤，而兼任后卫角色的队员 4 在攻坚行动中进入了房间后，留下的左侧警戒缺口便由破门手来填补。

2）冲房要点

目标房门的位置、开启方向、特战小队的蹲伏点和枪口指向等相对位置，都是影响冲房行动发起速度的重要因素。为了让首名队员（前锋）笔直地冲进房间，快速通过门口处的"死亡地带"，特战小队以单纵队排列于门外时，蹲伏点应选在破门处的另一侧。面对向内开启的房门，破门手若以门锁为击破点，特战小队便要靠在合页的一侧。但当合页被选择作为攻击点时，队员便要在门锁一侧埋伏。相反，对付那些只能向外开启的房门，特战小队必须改靠在门锁的一侧，令"冲房"动作保持畅顺快捷。

队员必须尽量靠近门旁，保持蹲伏或跪射姿势，眼睛密切监视所负责的警戒范围。各人手持武器做准备射击姿势。在冲进房间发起攻击前，武器保险杆扣在安全位置上，食指搁在扳机护圈外。

3）夜间冲房

与白天相比，特战小队在夜间进行冲房的难度更大。敌人利用黑暗环境的掩护藏匿在房间内。特战小队虽然知道敌人潜藏在室内，但无法确定他的埋伏位置。相反，敌人却可预估到特战小队若要进入房间进行搜索，必须越过房门范围，因此可以锁定及瞄准该区域，从而掌握战斗优势。如果特战小队贸然冲入，将冒着极大风险。

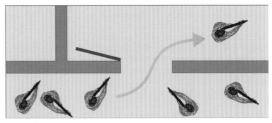

以门锁为破门处时，特战小队排列在合页那一侧，让前锋笔直冲进室内

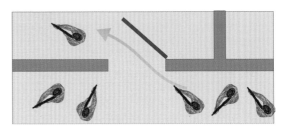

以合页为击破点时，特战小队排列在门锁那一侧，前锋同样可以笔直冲进室内

在这种不利形势下，特战小队只能留在室外，利用照明工具把搜索光束投射进室内，以拐角搜寻方式，朝着一定方向，逐一扫视房间内每处地方。此时敌人为避免遭到搜索光束锁定，必须往同一方向规避，

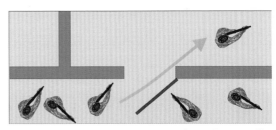

若门户向外开启，特战小队便要改为在开门的一侧埋伏，如此才能保持首名进房队员的笔直路线

这样一来，由特战小队操控的光束便发挥着驱赶的作用，从而令敌人陷于被动境地，随着房内可供躲藏范围逐渐缩小，最后只好退守到房间末端，受困在搜索光束不能覆盖的死角区域。在此过程中，为防敌人洞悉意图，特战小队的搜索光束会不断闪烁，并在一狭窄角度内做上下左右晃动。

当认定敌人已被困于死角区域，特战小队觉得进门时机来临时，前锋迅速将搜索光束转移射向房门范围的地板上，由近而远地查明前方的机动路线。随后，前锋将搜索光束熄灭，趁着漆黑的瞬间迅速越过危险的房门范围，沿着刚刚确认畅通无阻的路线，迅速跑到房间里的另一端。

　　前锋的冲房行动，必定会引起敌人的注意，但在黑暗的环境下，敌人只会瞥见一个黑影，不足以成为射击目标。在敌人持枪追踪前锋队员时，掩护手趁机摸进房间内，并立即打开搜索光束照向死角区域，使敌人暴露踪迹。由前锋开始冲房行动至掩护手重开光源射向死角区域，整个过程不应超过 2 秒钟，防止敌人有充裕时间向前锋射击或伺机逃离被困角落。

　　在被搜索光束锁定以后，敌人只能有两个选择：立刻向光源方向展开攻击或迅速寻找掩蔽。若敌人选择攻击行动，前锋可在黑暗中开火将其击毙。如果敌人忙着寻找掩蔽，掩护手的照射光束可紧随其后，将掩蔽位置锁定，前锋也可趁此空隙争取更有利的射击位置。

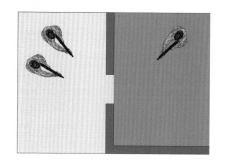
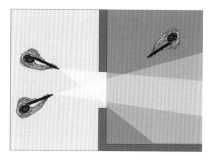
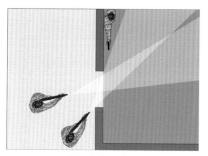

夜间冲房示意图

→ 特战小队如何在街巷中行进

　　街巷环境复杂多变，特战小队要想快速移动到目标地点并不是一件容易的事情。复杂的街道环境、幽灵般的敌人、突如其来的冷枪，都将严重制约整个特战小队的行进速度。在这种情况下，就必须用到街道移动战术。

　　如果是在狭长的小巷中，比较安全的行进方法是所有队员背靠墙面做横向移动，这样整个小队能在第一时间压制住对面窗户中的敌人的火力，而自己又处于上方窗户敌人的射击盲区。需要注意的是，在移动过程中，枪的指向必须与视线在一条直线上。也就是说，眼睛看到哪里，枪口就必须指到哪里。这样才能在第一时间对敌人进行打击，端着枪左右张望的行为是绝对不允许的。

在街巷中行进的陆军士兵

如果是在宽阔的大街上，上述战术就与自杀无异了。在宽阔的街道上，敌人的

在窗边展开反击的特种兵

火力点要比小巷多得多。所以，在大街上移动，应采取交替掩护移动，这就是经典的2×2掩护战术。首先将小队分为两组，在分组中小队长应与机枪手分开。一组先向前移动，由另一组负责掩护。一组到达一处掩体后，立即进行警戒，掩护另一组移动。这时，先到达一组的队员应专心警戒，绝对不能回头观察战友是否就位。另一组就位后，应轻拍前一组队员的肩膀，表示"我已就位，你可以移动"，如此反复。同样，在撤退时，也应该逐个撤退，绝对不能一哄而散，将整个小队的背后暴露给敌人。在街道中移动应尽量在阴影处进行（如屋檐下），因为在强光的照射下，敌人对阴影处的目标将不再敏感。

特种兵在战斗中如何利用地形地物

在战斗中，特种兵必须巧妙地利用地形地物，以灵活机动的战斗动作，努力完成战斗任务。利用地形地物的目的在于隐蔽身体，开足火力。利用地形地物时，要做到"三便于、三不要、一避开"。"三便于"：便于观察和射击，便于隐蔽身体，便于接近、利用和变换位置；"三不要"：不要妨碍队长的指挥、队友武器的射击，不要几个人簇拥在一起，不要在一地停留过久；"一避开"：避开独立、明显、易燃、易倒塌的物体和难以通行的地段。

特种兵在战斗中利用地形地物时，应根据敌情和遮蔽物的高低采取适当姿势，迅速隐蔽地接近，由下而上地占领，周密细致地观察，不失时机地开火。

1）对坎的利用

坎有纵向、横向和高低之分。横向坎要利用背敌面隐蔽身体，纵向坎要利用弯曲部、残缺部或顶端的一侧隐蔽身体，以其上沿作为射击依托。对土坎最好利用残缺部，对堤坎则利用凹陷部。根据坎的高度可采取立、跪、卧等姿势。

接近坎时，通常应采用跃进的方法。当进至坎的最大遮蔽界后，迅速卧倒，再匍匐至坎的底部，视情况可左右移动，选择好利用的部位。占领时，应由下而上地占领，隐蔽地观察，需要射击时，应迅速出枪。占领后，应不断观察战场，选择好前进的路线和暂停的位置。转移时，迅速收枪，视情况可采取左右移动、扬土、施放烟幕等方法欺骗、迷惑敌人，突然跃起（出）前进。当敌方火力被我方压制时，可直接跃起（出）前进。

2）对土堆的利用

对独立土堆通常利用其右侧，视情况也可利用其左侧或顶端。双土堆可以利用其鞍部。对空射击时，通常利用其后侧或顶端。接近、占领、转移的动作与利用坎时类似。

3）对坑的利用

对坑通常利用其前切面隐蔽身体，利用其上沿作为射击依托，按其深浅、大小，以跳、跨、滚等方法进入，采取立、跪、卧等姿势射击。跳入通常是在进入较深的坑时采用，其要领是右手持枪，左手撑坑沿顺势跳入坑内。跨入通常是在进入较浅的坑时采用，其要领是接近至坑沿时，左脚迅速跨入，顺势侧卧于坑内。滚入的要领是卧倒后迅速滚到坑沿，观察后再进入。转移时，应根据坑的深浅，采取不同的方法，突然跃起前进。

4）对壕沟的利用

对壕沟通常利用其壕壁或拐弯处隐蔽身体，利用其上沿或拐角作为射击依托。

5）对树木的利用

对树木通常利用其背敌面隐蔽身体，利用其右后侧作为射击依托。利用大树时，可采取立、跪、卧等姿势；利用小树时，通常采取卧姿。

6）对高苗地、丛林地的利用

对高苗地、丛林地通常应尽量利用靠近敌方的边缘内侧，以便观察和射击。接近时，右手持枪，左手分开高苗侧身前进。

依托墙壁射击的陆军士兵

在墙角射击的陆军特种兵

7）对墙壁、墙角、门窗的利用

利用墙壁时，根据其高度采取适当姿势。对矮墙可利用其顶端或残缺部作为射击依托。墙高于人体时，可将脚垫高或挖掘射击孔。转移时，可绕过或跃过。

利用墙角时，通常利用其右侧作为射击依托。射击时，左小臂外侧紧靠墙角，取适当姿势。利用门时，通常利用其左侧，右臂依靠门框进行射击。利用窗户时，通常利用其左下角，也可利用其左侧或下窗框射击。

→ 特种兵在野外如何隐蔽行进

当特种兵想要避免与敌人正面交锋时，就必须灵活运用行进技巧，避开敌人的搜索和攻击。除了正常行走以外，特种兵在野外作战时最常用的行进方式是低姿匍匐、高姿匍匐和跃进。

低姿匍匐时，身体的着弹面积最小。在需要穿过只有低矮隐蔽物的地方，且处于敌人的火力之下或敌人正在实施侦察时，可使用这种行进方式。低姿匍匐时，身体平贴着地面，用扣动扳机的手紧握枪身前方枪背带挂钩处的枪带，保持枪口斜朝上，拖着枪械行进。行进时，双手拉动身体，用脚将身体向前推，如此反复进行。

高姿匍匐比低姿匍匐的速度快，但是着弹面积也有所增加。当隐蔽较多，且敌人的火力使特种兵无法站立行进时，可使用这种行进方式。高姿匍匐的动作要领为：用手肘和膝盖支撑身体并移动，身体离地，双手持武器。在移动时，右肘配合左膝与左肘配合右膝交替使用。

跃进是最快的行进方式。为了防止敌人的机枪和步枪追踪射击，每次跃进的时间控制在 3 ～ 5 秒。跃进过程中切记不可停下来站在空旷地带，否则将立刻成为敌人优先射击的目标，招致猛烈的攻击。在跃进前，一定要尽量选择有掩体或隐蔽的路线。跃进前，如果特种兵在某阵地进行过持续射击或者明显暴露，这会让特种兵的位置更为敌人所关注，他们的枪口可能已经瞄准特种兵会出现的位置，随时开火，所以在跃进之前，要从阵地翻滚或爬行一小段距离，脱离阵地正面，从其他位置发起冲击，也可朝阵地的一个方向抛出沙土或者醒目物体，然后立刻从阵地另一侧跃出，总之一切目的在于发起跃进冲击前干扰敌人的判断。如果必须通过空旷地带，面对敌人正面火力，应该以"Z"字形路线跃进。在跃进过程中，当以同一个运动方向或运动姿态持续 2 ～ 3 秒后，可随机变换姿态、方向，如向右或向左翻滚。

特种兵在自然环境中行进时，应选择隐蔽的路线，而且最好是利用夜暗、浓雾行动。利用树林时，要距离树林边缘 10 米以上，以免被敌人透过林木间隙发现。通过林间空地最好是绕行或匍匐通过。走出树林前应先仔细观察，确认不会暴露再行动。在通过光秃秃的山岗顶部时应沿斜坡绕行，如果必须从山岗顶部通过，则应采用低姿匍匐前进的方式通过。

夜间行动时，要仔细地固定好装具；行走时脚部要高抬轻放，并尽量沿着松软的地面行动，必要时可在鞋子上缠绕布条，以减小声响。夜间遇到敌方照明时，应立即卧倒，面部朝下。此外，夜间行动还不能发出亮光。吸烟是绝对禁止的，特别是在靠近敌人行动时。看地图必须照明时，应在手电筒上包暗色布，并尽量在隐蔽的位置。

在森林中隐蔽行进的奥地利突击队士兵

在野外训练的海军陆战队特战营士兵

正在进行丛林作战训练的海军战斗潜水员组士兵

行动时要尽量注意消除痕迹，必要时可伪造痕迹来迷惑和欺骗敌人。每名特种兵在宿营或监视活动之后，要确保收集起所有包裹内的物品，甚至是人体的代谢物。任何可以表明有人类存在的遗留物，都有可能让敌人发现行踪。

特种兵在行动时还要保持高度警惕，随时注意观察和倾听周围的情况，争取先敌发现，力避被动。一般要避开那些会有人经过的大路、桥梁和小径等通常路线，沿路边低矮茂密的灌木丛而行，既可以保持隐蔽，同时也会更容易地找到行军方向。在特种兵离开一个隐蔽之处时，他应该清楚地知道将行至何处，到达目的地所需时间，一旦被发现将奔向何方。

游戏中的"蛇皮走位"在现实中是否有效

冷枪在战场上十分常见，尤其是游击战。对于如何应对冷枪，不同的人有不同的看法。射击类游戏玩家认为，遭遇冷枪时应该立刻逃跑，然后通过"蛇皮走位"，也就是"S"形移动来摆脱敌人。但也有人认为遭遇冷枪时应该立刻卧倒，然后利用地上的掩体来躲避敌人的子弹。那么，遭遇冷枪时到底是该逃跑还是卧倒？

"蛇皮走位"在射击类游戏中的确是一个很好的战术动作，但在现实中则是一种自寻死路的行为。现实不是游戏，在游戏中挨了一枪，不会对角色的行动有任何影响，只要角色的血量没有清零，就能跑得和往常一样快。但在现实中，一旦特种兵的身体中枪，强烈的疼痛感使他无法承受，从而限制他的一系列动作。

如果特种兵的腹部、胸口中弹，即使人不会死，剧烈的疼痛也会使伤口周围的肌肉痉挛。在这种状态下，特种兵站都站不起来，更别说是跑着进行"蛇皮走位"了。如果特种兵的腿部中弹，现代枪械的威力足以击碎人类的腿骨，自然无法继续奔跑。所以特种兵在"蛇皮走位"过程中一旦中弹，就算不会立刻死亡，也会失去行动能力，变成敌人的活靶子。

此外，游戏中的射击和现实中的射击有很大区别，在现实中，通过扫射就能形成一片子弹覆盖区，使命中率大幅提升。一旦特种兵中弹，就只能当活靶子。所以在现实中，通过"蛇皮走位"躲避敌人子弹的成功率非常低。

如果在现实中遭遇冷枪，最好的办法是卧倒，然后朝着冷枪射来的反方向翻滚，再迅速躲在诸如土堆、巨石之类的掩体后方。之后，就是两个人比谁更有耐心。

快速奔跑的空军突击队士兵

→ "中央剥皮"战术的作用是什么

"中央剥皮"（Center Peel）战术是美军特种部队由"交替掩护"战术演变而来的一种脱逃战术，小规模的敌后渗透特种部队在意外遇敌时可以采用这种战术。该战术的主要特点是全队分两组一层一层地进行撤离，负责掩护的一组特种兵会在短时间内以连续不断的火力向敌方胡乱扫射，撤离的一组特种兵则会绕着队形的外圈往内圈走以让开掩护火力的射角，两组特种兵的角色不断互换，如此反复的撤离就像给洋葱剥皮，但却不是往外剥而是往内剥，所以称为"中央剥皮"战术。在此过程中，第一个逃离的人会喊一声"Peel One"来提醒第二个负责接力射击的队友，从第二个人开始只喊一声"Peel"。

美军特种部队采用的"中央剥皮"战术由来已久。20世纪60年代，美国海军"海豹"突击队经常要深入敌方控制的密林区里进行侦察巡逻，为了加强这些侦察小分队的火力，美国海军地面武器中心的军械员为"海豹"突击队士兵把一些M60通用机枪改装成适合单人携带作战的武器使用，例如，将一个航空机枪的500发弹箱固定在无线电背架上，让机枪手可以背在身上，再把机枪弹链通过柔性滑槽送到取消了瞄准具和两脚架的M60通用机枪上，有时甚至将枪管和活塞筒变短，连枪托都拆走，而成为便于携带的"轻"机枪。这样的"轻"机枪具有强力和持久的火力，但是精度较差（没有瞄准具和两脚架，只能端着进行概略瞄准射击）。

实施"中央剥皮"战术的陆军特种兵

　　为什么会有这样只适合在近距离输出强大火力的"怪物"呢？当"海豹"突击队士兵在密林中遭遇敌人时，此时排在前方充当尖兵的机枪手就可以立即发难，用火力死死地压制敌人，然后指挥官有两个选择：一是敌人似乎很少，立即让其他队员在机枪的掩护下直接进攻，或从侧翼包抄，或者用榴弹发射器攻击敌人的藏身处；二

正在练习"中央剥皮"战术的海军特种兵

是敌人似乎很多，立即撤退。如果是攻击敌人，500 发不需要重新装填弹链的持续火力可以继续不间断地压制敌人，让友军迂回过去；如果是撤退，那么就是"海豹"突击队惯用的"中央剥皮"战术发挥的时间了，此时，连续不间断地胡乱扫射仍然是"中央剥皮"战术的中坚力量。虽然这样持续不断地射击会让枪管寿命大大缩短，精度也会降低，但对于一挺近距离用的伏击/反伏击机枪来说，本来就不需要多高的精度。至于柔性滑槽则可以保护弹链，防止其被树丛钩住。

　　"中央剥皮"战术的有效时间通常只有 40 秒，在此期间敌人会选择卧倒而不是反击，所以特种兵必须在 40 秒内撤离交火地带，否则一旦弹匣内的子弹打完还没撤退到安全区域，情况就会变得很棘手。

→ 狙击手是否优先狙杀敌军指挥官

在狙击手题材的电影中，我们时常能看到这样的画面：潜伏在暗处的狙击手，找准时机一枪将敌军指挥官击毙，敌军部队瞬间土崩瓦解。这种镜头虽然能让观众津津乐道，但并不符合现实情况。在现代战争中，狙击手的第一狙杀目标往往不是敌军指挥官。

狙击手诞生之初，交战双方都有大量前线指挥官遭到狙杀，因为从军服便可看出谁是指挥官。为了防止这样的情况再发生，各国军方规定，军官在战场前线不允许穿戴辨识度很高的军官服装，应与普通士兵穿戴相似的服装，增加狙击手的识别难度。此外，各国军队还专门设置了代替机制，即上一级指挥官被狙杀，下一级军官立刻接替职位，以防部队因为没有指挥官而丧失战斗力。所以，狙击手一枪摧毁敌军部队战斗力的情况几乎是不存在的。敌军指挥官在战场上只能是狙击手的第二狙杀目标，并不是电影中演绎的那般。

藏身在土墙后方的狙击手　　　　　藏身在建筑内部的狙击小组

那么，战场上狙击手的第一狙杀目标是谁？答案是敌方狙击手。因为敌方狙击手对自己的威胁是最大的，相似的训练、相似的技能，就看谁能更好地把握战场瞬息万变的局势了。作为旗鼓相当的对手，只要解决了敌方狙击手，狙击手面临的威胁就会小得多，有利于成功完成其他作战任务。同为狙击手，双方的目标和目的是一样的，狙杀敌方狙击手也可以保障己方指挥官及其他重要目标（例如，通信兵、炮兵观察员等）的安全。所以，狙击手的第一狙杀目标通常是敌方狙击手而不是指挥官，狙杀敌方狙击手是一件一举多得的事情。当然，行军打仗并没有一成不变的战术，在能准确掌握敌军指挥官行踪的情况下，狙击手也可将其作为第一狙杀目标。

狙击手在城市中如何选择阵地

一名聪明的狙击手应当选择出人意料的地点来隐藏自己，并在射击后转移阵地，这一点在城市作战中尤为重要。

在城市环境中，选择狙击阵地有以下几个硬性要求，其他因素可以酌情考虑。首要考虑的因素便是"制高点"。许多人在谈论狙击手的时候，都会联想到"制高点"一词，但有些人却把"制高点"误解成"最高点"，这是一个误区。要知道，制高点不是最高点，最高点也未必是制高点。从狙击专业的角度来说，制高点就是能够对周围环境进行监视，起到控制作用，适合狙击作战的地点。有的最高点适合做制高点，有的最高点则不行，例如，烟囱的顶端，

以废弃建筑物为狙击阵地的狙击手

在建筑物内监视目标的特警狙击手

普通人都很容易猜到狙击手有可能藏在那里，而且这么高又行动不便的地方也不利于狙击手撤离。

通常情况下，在像城市街道这样的地方选择狙击阵地，因为楼层较多，观察范围就会受到影响，所以要适当选择高一点的楼层，以便观察

和瞄准。具体选择几层要视情况而定，但一般不能超过五六层楼的高度，这个高度不到 20 米，狙杀目标后，狙击手可以快速撤出楼层。如果是在二三十层楼的高度狙杀目标，撤离不便，很容易被敌方发现行踪并展开围堵。

如果要在城市环境中选择永久性狙击阵地，相对来说比较方便，不用像野外一样花费大量精力去挖掘堑壕，只要利用屋内的设施，建立一个比较舒适的射击平台即可。如果觉得某个楼层适合作为狙击阵地，即便有部分阳光照射进来，也不必太过担心，狙击手只需往屋子里面挪一挪，避免镜片反光即可。如果有纱窗就更好了，狙击手可以清楚地观察外面的状况，而外面的敌人却不易了解屋内的情况。

总的来说，在城市作战中，门、窗和墙洞都是极易受到关注的地方，所以狙击手应隐藏在敌人容易忽视的位置。狙击手适宜隐藏在石制建筑物内，这样会有最好的防护、更大的射界和最清晰的观察视界。作战时，狙击手应设法消除枪声和枪口焰，例如，不要直接在门洞、窗户及其他洞口上射击，最好能隔着邻近的废弃建筑射击和观察，另外，也可以在墙上凿出一个外宽内窄的漏斗形射孔。

➤ 狙击手在反劫机行动中有何作用

反劫机行动是特战中难度较高的行动之一。从特种部队实施武力解救行动的位置划分，反劫机行动可以分为两种类型，即机舱内解救和机舱外解救，前者的典型案例是德国联邦警察第九国境守备队摩加迪沙机场反劫机行动、法国国家宪兵特勤队马里亚纳机场反劫机行动，后者的典型案例是以色列特种部队奇袭恩德培机场。

从作战的难度来看，在机舱内实施解救要更为困难。机舱空间狭小，人质与恐怖分子混杂在一起，这给突击发起时反恐队员快速判别目标带来难度。机舱内空间封闭，人质密度大，一枚手榴弹或是一阵冲锋枪扫射都将带来巨大的伤亡。针对飞机的结构，特种部队通常会选择爆破开辟通路，多点同时进入的突击战术。与列车、建筑物等其他环境相比，机舱内的通路狭窄，对特种兵的速度有一定影响。

机场跑道地形空旷，被劫飞机四周缺乏可供隐藏的建筑物，特种部队要做到在不被恐怖分子发现的情况下接近飞机也比较困难，因此特种部队大多把行动的时间选择在夜晚，利用夜暗环境作为掩护。例如，德国联邦警察第九国境守备队在摩加迪沙机场反劫机行动中，就是通过艰苦的谈判拖延到天黑，在凌晨 2 时 30 分发起突击。然而并不是每场反劫机行动都能得到夜暗的掩护。1994 年法航客机被劫持至马赛的马里亚纳机场，法国国家宪兵特勤队最初也想拖到天黑行动，但当天下午被劫飞机突然发动，法国国家宪兵特勤队的突击队员只能驾驶 3 台舷梯车强行突入机舱，尽管最终成功完成解救，但造成了多名突击队员和几十名人质受伤。

正在进行反劫机训练的俄罗斯特种部队

海军突击队参加反劫机演练

　　相比之下，机舱外解救行动对于特种部队一方较为有利。特种部队可以通过谈判，将恐怖分子和人质引入地形较为有利的地面建筑，相比飞机的结构，恐怖分子对地面建筑的环境和地形是陌生的，地面建筑的空间比机舱内宽敞，便于特种兵发起突击。

　　无论突击发生在舱内还是舱外，狙击都是武力解救不可或缺的手段。首先，部署在各有利位置的狙击小组，可以随时观察恐怖分子和人质的活动情况，为现场指挥员临机决策提供依据。在特种部队发起突击时，狙击手可以以精确的火力提供掩护。如果是在机舱外突击，在恐怖分子和人质从机上转移至地面建筑的过程中，有可能给特种部队实施多目标同时狙击创造机会。在此类反劫持、反劫机的行动中，多目标同时狙击是武力解救的最佳方案。

可以说，在历次反劫机作战中，狙击手都发挥了重要作用，有时狙击手甚至是人质生还的唯一希望。

→ 美军狙击手为何要在直升机上射击

相较于枪械的精准度，传统狙击战术对于射击姿势的稳定性有着更为严格的要求。一般情况下，即便是量产型专业狙击步枪的平均射击精准度在 600 米范围内公差大多也不会超过 1 MOA。但在射击过程中，微小的晃动都会严重影响长程射击的准确度。狙击手一旦轻微抖动或紧急扣动扳机，都会对射击精准度造成巨大影响。这也是为什么所有狙击手都会尽可能选择有依托的射击阵地。

根据美军特种部队的作战经验，对于点目标具有较强杀伤能力的传统定点狙击战术，并不适用于战线高度流动化的城镇反游击战或是反恐任务。面对复杂的作战环境，狙击小组既要迅速就位，以争取最佳射击时机，又要尽量挑选能观察和控制周边的制高点，保持最佳视野，这就使整个狙击小组在运动过程中需要耗费更多的时间与精力。许多美军狙击手不得不训练自己的攀爬技能，因为只有靠着"飞檐走壁"的功夫，才有可能顺利完成狙击任务。

此前，美军也曾试图以车辆载运的方式，为狙击小组提供可移动的射击点，但这一措施在实战中却收效甚微。枪弹的弹道平直，面对起伏的自然地貌及不规则的人工建筑，往往会形成无数射击死角。为配合战况，狙击小组不仅需要下车寻找合适的射击阵地，还要视情况随时变换阵地，整体所花费的时间并没有多大变化。

在东非外海，美军也面临着定位不及时的问题，这在反海盗行动中表现得尤为明显。海面宽广，舰船速度有限，就算保持全速前进，目标船只也可能早就逃之夭夭，而且现代作战舰艇上适合射击的制高点相对有限，这都使得狙击难度一再增加。基于以上原因，美军狙击小组发展出了利用直升机作为机动射击阵地的全新战术。

直升机可以自由调整滞空高度和方位,将其改造为机动射击阵地,能极大地强化狙击小组的机动能力。通过与飞机驾驶员的紧密配合,即便是在城镇战或山地战等复杂环境下,狙击手依然能轻松选取最佳射击角度,随时保持制高点优势。假如目标想要借地形掩护躲过狙击小组的攻击,直升机的机动优势也能立刻把狙击小组带到另外一个适合开火的高度和射角,使狙击手迅速捕捉到任务目标。此外,直升机狙击战术也使狙击小组的作战范围大幅扩大。以往,一个狙击小组顶多能控制一个街区或山谷隘路,而与直升机配合使用后,一个狙击小组往往能观察和控制多座小镇或多条道路。至于缺点,也很明显,失去了隐蔽性。

陆军狙击手在直升机上射击　　　　在直升机上瞄准目标的海军陆战队狙击手

在反海盗作战中,直升机和狙击小组的搭配也很给力,透过高倍光学瞄准具,直升机上的狙击手能精准辨识几百米范围内的船只状况及人员活动情况,并作为进一步行动的有效参考及时回报给舰队指挥官。一旦开火命令下达,狙击手能迅速选择真正有威胁的目标开火,减少因舰炮或其他武器攻击所导致的附加损害。更重要的是,直升机加狙击小组的组合,还能大幅缩短反应时间,避免了高价值船舰为实施登船临检而暴露在肩扛式火箭筒射程内的危险,实战意义重大。

直升机狙击战术面临哪些困难

与传统狙击战术不同,直升机狙击战术对如何保持射击姿势的稳定性提出了高要求。直升机的发动机和传动齿轮箱在工作过程中会不断产生高频震动,即使飞机处于悬停状态,机上人员依然能感受到大幅震动。

为了获得前所未有的机动能力，狙击手需要将更多的精力花费在克服飞机震动干扰上，这种"一心多用"的射击状态，对于习惯了依托固定阵地进行射击的狙击手来说，无疑是一种全新挑战。

直升机狙击战术需要面对的另一个难题是，主旋翼所产生的强大下洗气流，从弹道学的角度来看，子弹离开枪管时初速最高，动能也最强，加上狙击步枪多半使用大口径重弹，因此稳定性不至于受到太大影响。另外，直升机下洗气流影响范围有限，弹道影响时间也相对较短。但对于差之毫厘谬以千里的狙击手来说，要从不稳定的搭载平台上射击数百米外的目标，就不能无视下洗气流的影响。如果是中型通用直升机，下洗气流的影响还相对有限，若是换上重型运输直升机，下洗气流的强度及范围会大幅增加，光是在直升机上保持稳定射击姿势，就需要花费不少的精力和时间。如果考虑到针对目标相对位置所要进行的弹道修正，问题将会变得更加复杂。

以往的狙击手课程中虽然有针对移动目标的射击训练，但前提都是狙击手静止不动，因此主要考虑的都是目标移动所需要的修正量。但在直升机上进行狙击时，即便飞行员技术一流，也不可能完全不受乱流或风速的影响，狙击手时常需要面对上下左右的全方位位移或晃动。在这种状况下，狙击手的修正量只有将本身移动方向、速度、高度和目标的相对移动方向、速度、高度全部纳入考量之后，才能得出有效射击估算，这无疑就复杂了许多。

此外，狙击小组虽然可以和飞行员协调航向、航速及高度，但飞行员却不可能百分之百照办，因为他还得考虑周边地形、地物与天气状况。如果目标位置处于交战区域，直升机还需要时常进行战术机动动作以规避地面炮火。更糟糕的是，因为直升机的稳定性不可预测，狙击手的误差估算绝大部分只能依靠经验，在估算修正量之后还必须抓准直升机最稳定的那个时机开火。而从另一方面看，因为直升机一般而言都具有制高优势，所以重力所产生的位能优势能抵消一部分主旋翼下洗气流所造成的弹道干扰，而这也使狙击手需要适当减少对于弹道下降所做的修正。

直升机狙击虽然有许多困难需要克服，但因为这一改变能使狙击小组的任务弹性及作战范围大幅增加，为此美军特种部队依然想尽办法，试图克服以直升机作为狙击搭载平台的各种先天不利因素。鉴于直升机的稳定性与狙击命中率休戚相关，因此，美军特种部队多以 UH-60 通用直升机作为狙击平台，这种直升机不仅拥有足够的内部空间，稳定性也比较好。此外，UH-60 通用直升机的机舱拉门尺寸也够大，机舱侧门装在独立位置，不会影响狙击小组的瞄准和射击。

初期，直升机上没有合适的架枪平台，狙击手习惯以坐姿或跪姿徒手持枪射击。后来，有人试图利用背包和沙袋搭建临时架枪依托，但问题是在飞行过程中，背包和沙袋经常会滑落，而且在机舱门打开的情况下，背包和沙袋还需要进行加固处理，使用起来很不方便。此后，美军狙击手从越南战争时期的经验中获得启发，改用带弹性的枪械背带和伞绳，制作临时枪械悬吊架。这套系统的优点在于枪械背带具有一定的弹性，能抵消直升机飞行时的部分震动，从而间接提高了狙击手持枪时的稳定性。而采用悬吊方式既不占用机舱地板空间，也不用担心剧烈震动时依托支架会飞得到处都是。更重要的是，狙击手不用再花力气调整背包或沙袋，能更自由地选择射角和射向，以应付多变的直升机飞行运动。

利用悬吊架稳定狙击步枪的海军陆战队狙击手

在实战中，美军狙击手发现悬吊架有时会阻挡视野，尤其是美军狙击手使用瞄准镜时，部分视野会成为盲区。为此，美军狙击手改用更为简单的方式，即在机舱口横向悬挂一条弹性束带，直接将狙击步枪架在束带上当作依托，这样一来可省去额外制作悬吊架的时间及精力，每架直升机只要挂上弹性束带就能当作狙击平台；二来不会有东西挡在狙击手瞄准镜前面，减少了因视野盲区造成的射击影响。

虽然有了依托辅助，但毕竟是在一个不稳定的平台上开火，因此直升机狙击战术的有效射程通常只有 600 米左右，就算使用 12.7 毫米口径的狙击步枪，有效射程也不超过 1000 米。而且为了降低风险，在执行直

第5章

升机狙击任务时，直升机多半会先在一定距离外盘旋，直到狙击小组标定目标并确定进入角度后才飞进射程，并要求狙击小组在最短时间内开火，以减少飞机暴露在地面防空火力中的时间。对直升机狙击战术来说，相较于精湛的射击技巧，机组人员能否与狙击小组充分合作显得更为重要，因为只有双方配合默契，才能在不断变化的射击参数中取得最佳平衡。如果缺乏团队合作的精神，这一战术就很难奏效了。

西班牙陆军狙击手和美国陆军狙击手交流直升机狙击战术

土耳其陆军狙击手练习直升机狙击战术

→ "蛙人"能否独自摧毁现代军舰

"蛙人"是潜水员的俗称，是一个古老的职业。据历史记载，我国早在2700多年前的周代，就已经有潜水捕捞的技术，这是人类历史上有关潜水和潜水技术的最早记录。只不过因为没有任何保护工具，潜水时间都特别短。

工业革命后，随着水下装备技术的提高，"蛙人"的潜水技能越来越厉害，也逐渐在军事上崭露头角。一些国家组建了蛙人部队，它是一支在水下长时间完成特殊任务的特种部队，其成员头戴面罩，身穿橡皮制衣，脚穿脚蹼，后背带有氧气筒。蛙人部队主要在敌人后方海域、地区执行侦察任务，同时负责消灭机动发射装置、防空设施、水利工程、指挥所等。其任务具有极强的隐蔽性和危险性。

20 世纪，蛙人部队开始出现在战场上。一战临近结束的 1918 年，奥匈帝国海军被协约国逼到亚得里亚海东岸的普拉（今属克罗地亚），而协约国海军也无法冲进防范严密的港口内。意大利海军外科医生拉斐尔·保卢奇上尉是个游泳健将，他向上司建议，不妨通过潜水进入港内，安装炸药。上司采纳了他的建议。于是，他和搭档穿上潜水服，骑上一枚改造过的鱼雷，趁着夜色，利用潮汐将鱼雷推入港内，并瞄上了灯光最明亮的一艘战舰。事后他们才知道，那是奥匈帝国海军的旗舰"乌尼提斯"号。两人把鱼雷密封桶中的炸药贴在这艘战舰的侧面，将爆炸时间设定在早晨 6 时 30 分。但他们准备溜走时，被奥匈帝国海军卫兵发现并抓获。随后，他们得知了一个惊人的消息：就在他们出发前，舰队发生了兵变，指挥官已经向协约国移交了权力。不过此时拆除炸弹已来不及，他们马上提醒水兵赶紧逃命。之后，炸弹爆炸，军舰被炸为两半。

法国海军突击队士兵

二战时期，各方的"蛙人"作战更加频繁。1943 年，德国著名战列舰"俾斯麦"号的姊妹舰"提尔皮茨"号俘获了 3 名被称为"水鬼"的英国"蛙人"，正当德国人审讯这些战俘时，"提尔皮茨"号战列舰底部传来了剧烈的爆炸声，舰体受到重创。原来，正是这些没来得及逃跑的"蛙人"利用小型突击潜艇摸进港口，在战列舰底部安装了炸药。吃一堑长一智的德国海军迅速组建了"特殊作战小组"（战斗蛙人小组），投入作战。

冷战时期，苏联也深受"蛙人"之害。但随着军事科技的不断进步，如今"蛙人"想要炸毁军舰已非易事。毕竟现在军舰对付"蛙人"的方法很多，反蛙人声呐、反蛙人火箭炮、反蛙人自动榴弹发射器及各种水下探测装置等，从搜索到打击，种类齐全、手段多样，就是为了对付执行渗透作战任务的特种潜艇、小型舰艇和携带水雷的战斗蛙人。

反蛙人火箭炮通常可对 500 ～ 1000 米距离内的海域实施监控，只需人工对计算机进行操控，就可以自动对水下目标进行监测，一旦探测到水下小型运动目标，便可迅速瞄准目标发射，从而轻松击垮蛙人部队。面对此类反制手段，血肉之躯的"蛙人"连接近军舰的机会都没有。

训练中的海军战斗潜水员组士兵

→ 特种部队如何有效实施心理战

心理战是指战争或对抗性竞争活动中双方心理的较量。为取得胜利，双方通常都对对方施加心理刺激和影响。心理战是特战的一种重要形式。

利用心理因素配合武装斗争古已有之。中国古代兵法中提到的"攻心""心战"等就具有心理战的色彩。中国历史上刘邦运用的"四面楚歌"和诸葛亮的"七擒七纵"等均是"攻心为上"的成功战例。一战以后，心理战的研究受到重视，运用更加广泛，许多国家建立了专门机构，组建心理战部队，研究心理战理论，搜集心理战情报，制定心理破坏的政策和方法，考察心理影响的效能，研究并改进心理战技术器材等。20 世纪 50 年代初，西方一些国家对心理战的研究异常活跃，相继成立心理战学校、心理战中心、心理战协调局和心理战委员会等，并发展为专门学科。研究心理战问题的不仅有军事机关，还有大量政府机关、科学研究机关、私人出版公司、大学及各行各业的专家学者。20 世纪 90 年代后，随着信息技术的发展和战争形态的变化，心理战方法更加丰富，手段更加先进，效果更加显著，地位更加突出，对战争全局和进程影响更大。在海湾战争、科索沃战争、阿富汗战争、伊拉克战争、利比亚战争中，心理战都发挥了重要作用，有力地配合了其他作战行动。

陆军特种部队使用直升机投放心理战传单

根据不同的标准，可以将心理战分为不同的类型。按性质，分为进攻性心理战和防御性心理战；按层次，分为战略心理战、战役心理战、战术心理战等；按方

全副武装的特战旅士兵

式，分为宣传心理战、威慑心理战、谋略心理战等；按领域，分为政治心理战、经济心理战、文化心理战等；按媒介，分为传单心理战、广播心理战、影视心理战和网络心理战等。

心理战的基本特点有以下四个。①非强制性。心理战不是以强制手段消灭敌方的肉体，而是以非强制手段影响敌方的心理，改变敌方的行为，具有非强制性。②对象多元。心理战作战对象既可以针对敌对目标，也可以针对其他目标；既可以针对个体，也可以针对群体；既可以针对决策层，也可以针对普通民众，具有多元性。③时空广泛。心理战超越了平时、战时的界限，既可以在平时使用，也可以在战时进行。平时，心理战运用于各个领域。战时，心理战贯穿战前、战中和战后全过程，突破了前方、后方的界限。④手段特殊。心理战不以武力杀伤为基本手段，而是以特定的信息和媒介影响和改变敌方的心理和行为。

心理战的基本要求有以下四个。①心理打击与武力打击相结合。把心理战纳入总体战略中，贯穿军事活动全过程，以武力打击为后盾实施心理打击，通过心理打击强化和拓展武力打击效果。②攻防并举，以攻为主。在巩固己方心理防线的同时，突出心理攻势作战，综合运用各种手段，先入为主、先机制敌、连续进攻，不断突破敌方心理防线，始终掌握心理对抗的主动权。③多种力量综合运用。适应心理战对象复杂、战场广泛、手段多样的特点，整合运用多种心理战力量，充分发挥现代传媒、电子信息作战平台和特战手段的作用，强化整体作战效能。④平时与战时行动相统一。围绕战略意图和实战需要，开展心理战训练，组织平时心理战行动，为战时实施心理战创造条件。

→ 执行侦察任务时如何重新补给

在短期侦察任务中，特种部队会携带执行任务时所需要的所有补给。但是在长时间的长途侦察任务中则需要重新补给。特种部队可能会就地补给，例如，食用当地居民的食物。同时，特种部队也会通过无线电呼叫补给，但是高安全系数的无线电也有被截获监听导致行动暴露的风险，所以他们一般会尽可能缩短无线电内容，例如，使用特定暗号或字母——A代表"弹药"（Ammunition），F代表"食物"（Food），M代表"医疗支援"（Medical）。

长途侦察任务的重新补给一般通过直升机进行，这样做会让敌人有所察觉——但也仅仅是察觉而已。如果敌人仅仅察觉到可能有侦察活动，补给直升机会进行多次快速起降，从而误导敌人的追踪。如果确定敌人已经知道该区域有侦察活动但不知道具体位置，补给直升机将会故意进行几次容易被发现的快速起降，然后留下设了陷阱的补给，等待敌人上钩。

值得一提的是，"野外求生"式的补给方式属于事态超出控制范围的极端状况，并不值得提倡。任何长途侦察或渗透任务都会有相应的补给计划，包括求助于当地居民或事先安排的人员。"野外求生"是特种部队的必备技能，但只会是极端备选方案。任何特战单位在实战中都会极力避免这种状况的发生，毕竟食用甚至生食野生动、植物极易导致严重后果（即便是确认可食用，也有诸如寄生虫等风险），面临的风险也远大于这么做带来的效益。

正在执行侦察任务的陆军特别支援及侦察连士兵

美军特种部队如何进行外国防务援助

美军特种部队所执行的外国防务援助（FID）任务的过程可分为以下五步。

（1）治安战。任何面对武装暴动威胁的政府都会将建立安全社会环境的努力摆在第一位，在这个阶段，FID 单位的角色会变得多样。如果东道国政府在尊重人权的前提下有能力独自领导这些行动，那么，他们将有可能在本国获得最大限度的公信力。

（2）获取东道国民众的支持。东道国政府获得的支持程度具有决定性作用，所以必须获取并维持东道国人民对政府的长期信任和承认。这一举措也很明显体现在东道国人民对美国军事力量介入的看法上——是正当的，还是侵略性的。

（3）获取国际支持。国际社会是否支持和承认东道国政府的防务举措也很重要。只要有越来越多的国家参与这些区域的 FID 行动（无论是军事性的还是非军事性的），就越容易获得国际社会的支持。

（4）挫败暴乱。如果上述三步已经被妥善完成，那么此时东道国的暴乱势力应该已经基本失去民众支持，并将被最终击败。在这一阶段，FID 单位将通过直接作战的方式击垮暴乱势力的核心成员。需要强调的

第5章

是，东道国安全部队是执行这一步骤的最佳选择。

（5）重建东道国治安。有必要通过法律强制性手段令东道国的防务人员（警察部队、国际安全人员、关键设施守备部队、近岸卫戍部队、监狱守备人员、针对反暴动设立的准军事组织等）最终铲除国内的安全威胁。如果在上述过程中东道国已经拥有了一支体系较为完整的联合作战部队，他们将担负起抵御外来威胁的职责，直到完全建立起一支属于本国的，受过专业军事训练和拥有良好装备的，能够独立组织军事行动的国防军。

海军陆战队突袭兵团士兵进行索降训练

海军突击队士兵搭乘核潜艇

必须注意的是，在 FID 行动的过程中如果过度使用军事力量，从长远影响来看，可能会比面对东道国暴动势力无动于衷更加恶劣。特别是当军事行动区域位于东道国人口密集区时，任何由失误导致的附带的平民伤亡和公共财产损失都会带来严重的负面政治影响。因此，FID 单位在计划阶段就必须对审讯、拘留和抓捕过程中可能出现的问题做好心理准备，并且制定符合东道国政治、文化的解决措施。

机降作战需要多强的空中火力支援

不管训练如何有素，也不管名气有多大，特种部队本质上就是一支精锐的轻步兵部队，别说与拥有装甲车辆的敌军正面作战了，就是被数量众多的敌军步兵包围，其生还率也会直线下降，想顺利完成任务更是无从谈起。

数量充足且高效的空中支援，是特种部队直升机机降作战成功的重要保障。从目前各国特种部队的实战来看，固定翼有人驾驶战机仍是机降作战中不可替代的空中火力支援平台。

特种部队执行一次高危任务，通常需要多强的空中火力支援呢？根据敌情的不同，可以有不同的组合，但基本上都包括了搜索直升机、加油机、空优战斗机、电子战飞机、对地攻击机和前进空中管制机。随着战机技术性能的提高和多用途能力的增强，现代战斗机已经可以身兼电子战飞机、空优战斗机和对地攻击机三个角色，但仅靠一架战斗机仍然无法支援一场高强度的机降作战。

尽管配备了精确制导炸弹，但在实战中，固定翼战机的两次攻击间隔仍是较长的，这也是没有办法的事，毕竟在投放炸弹后固定翼战机仍需要通过机动动作来重新进入攻击阵位。如果空中只有 1 架战斗机，那么在它俯冲投弹拉起再回到攻击待命位置时会存在一个火力支援空窗期，对于地面作战的特种部队士兵来说，这短暂的空窗期却有可能造成严重的伤亡，所以正常情况下，至少也要在空中保持 2 个以上的双机编队才能维持基本的对地攻击强度。

如果已知敌军拥有较强的防空能力和一定数量的地面部队，那么相应地就要组成一个规模较大的空中编队才能保障任务的完成。例如，

1995 年 6 月 2 日一架美军的 F-16C 战斗机被击落，飞行员奥格莱迪上尉跳伞，为了将他救出来，美军动用了海军陆战队飞机人员战术援助小组，而为这个小组提供掩护的是一个由 40 架战机组成的庞大机群，由北约的 1 架空中预警机负责指挥 / 控制，其中负责直接营救的是 2 架 CH-53E "超级种马" 重型直升机，该机搭载 40 名海军陆战队士兵，由 2 架

AH-1W "超级眼镜蛇" 武装直升机和 2 架 AV-8B "海鹞Ⅱ" 攻击机提供火力支援，其余战机为美国空军的 F-16 "战隼" 战斗机、F-15E "打击鹰" 战斗轰炸机和 EF-111 "渡鸦" 电子战飞机。正是靠着如此豪华的阵容，才保障了营救任务的成功。

CH-53E "超级种马" 重型直升机

AV-8B "海鹞Ⅱ" 攻击机

F-16 "战隼" 战斗机

特种兵如何精确定位引导攻击

尽管现代军队拥有先进的侦察卫星、侦察飞机，但技术手段总归会受到种种因素制约，难保不被对手的伪装欺骗和蒙蔽。而在城市作战中，为了尽量减少平民伤亡和附带破坏，特种部队为做到 "眼见为实"，一般通过询问居民、技术探测等办法，进一步查实各种目标的具体情况，为精确攻击打下基础。

特种部队的引导小组一般预先潜入攻击目标附近，或者采取诱敌攻击手段，通过全球定位系统（GPS）定位、激光照射等办法，为攻击战

机指示目标，引导其实施准确攻击。战机攻击后，特种兵还可实地查看攻击效果，如有需要还可引导再次攻击。

特种兵的电脑上都安装了相关软件，能与参战的陆、海、空三军指挥系统实现联网，从而使卫星、侦察机和无人机获得的信息能够通过数据链技术实时传输。

海军陆战队特种兵正在引导战机实施准确攻击

➜ 何为"挖眼致瘫"和特种破袭

所谓"挖眼致瘫"、特种破袭，即派出精干的空中、海上或地面特战分队，渗入敌战略后方或战役纵深，对敌方雷达等监视系统实施的特种破袭行动。1969 年至 1970 年，以色列特种部队两次秘密潜入埃及境内，袭击设在加里卜角和沙德万岛的雷达站，并将由英国援建的先进雷达夺回国内，从而挖掉了监视以色列空军飞机的"眼睛"。

MH-53J "铺路微光" 特战直升机

高技术局部战争，实施远程空中突袭，首先必须摧毁对方的雷达监视系统，如此才能为空袭扫平道路。在海湾战争中，在多国部队对伊拉克实施空袭之前，美国空军第 16 特战联队的 4 架 MH-53J "铺路微光" 特战直升机分为两组，分别引导第 101 航空团第 1 营的两个攻击小组，在夜间以低于 150 米的高度避开伊军雷达和观察哨，在 4 分半钟内接近目标，一举摧毁两座雷达站，破坏了伊军的防空预警网，为达成空袭企图打下了基础。

在未来的高技术战争中，侦察、监视、通信、网络、预警系统是军队最敏感、最要害的目标，其存亡对作战指挥和部队作战潜能的发挥具有非常重要的影响。因而"挖眼致瘫"、特种破袭战术在特种部队中也将越来越受关注。

→ 特种部队如何在境外营救人质

特种部队的人质营救行动跟特警的不太相同，特警的人质营救行动都是在国内熟悉的环境中进行的，而且犯罪分子一般已经被包围，所以特警拥有地利优势。而特种部队的人质营救行动不太相同，通常是在战场，甚至是在敌占区进行，营救对象也更多样，可能是跳伞后被俘的飞行员，战败后被俘虏的士兵，或者身份暴露后被俘虏的间谍人员，他们被俘后会被严密看管，特种部队要想成功营救并且安全撤退，显然不是一件容易的事情。

首先，特种部队要利用人造卫星、飞机等实施空中侦察，搜集敌人监禁人质的监狱内建筑物分布情况和周围情况的相关情报。然而，光靠航空照相是无法判断设施的具体情况的，因此需要派遣特种部队侦察人员或谍报人员，对敌方设施实施监视，搜集敌方设施的具体运营情况、出入的人员数量、负责警备的人数等详细情报（此时需要的是比攻击对方军事设施时还要详细的情报）。监禁人质的具体位置等是由谍报人员通过收买敌方设施内的工作人员等方式来搜集的。

通过各种手段，搜集充分的情报后，开始研究实施人质营救作战的可能性。如果可能，需要进一步研究作战细节（以什么样的方式实施作战，需要派遣什么样的部队等），并制定作战方案。通常情况下这种作战是由特种部队展开，在特战司令部内制定具体方案，确定方案后，由军队最高机关或国家决策机关亲自研讨。一旦得到同意，即可展开作战。

投入作战的特种部队通常乘坐直升机等工具突袭目标，一部分人员负责冲进监禁人质的建筑物内去解救人质，另一部分人员负责控制周围建筑物。冲进目标建筑物内时，从第一层和建筑物屋顶同时进入。此时，为了避免人质被杀害，必须准确地突入提前侦察好并一直处在监视中的监禁人质的房间内。考虑到同一建筑物内的敌人有展开反击的可能，除攻击人质所在房间的特种兵以外，还需要安排搜索其他房间的人员。通常由 2～4 名特种兵组成一个突击小队，突入房间内消灭敌人，确保安全。突入房间内的特种兵提前将房间内部以入口为中心按 30°～45°的角度区分房间内部空间，控制各自分担的区域。这是为了提高控制和压制效率而专门研究的突击战术，在需要占领多个房间时，控制效率变得更加重要。

陆军特别行动组士兵通过索降进入建筑物顶部

突入监禁人质的房间内时，在破坏房门的同时，向室内扔进爆音弹、闪光弹，利用敌人被强烈的闪光和爆炸声震住的短短几秒时间消灭敌人，控制房间。此时，除扔掉手中的武器明确表现出投降意图

正在进行营救人质训练的陆军士兵

的敌人以外，原则上直接向敌人开火，直到彻底击倒为止。假如监视人质的是敌军精锐部队士兵或特种兵，一旦没有被彻底击毙，就很有可能遭到意想不到的反击。

突入房间内的特种兵像搜索时一样，压制各自分担的控制区域，瞬间占领房间，也避免了向同一个目标发射多余枪弹的浪费。这一方法在房间面积很大、敌方人数较多时更为实用。

消灭敌人后，带领人质移至室外，快速奔向迎接人质的指定地点，此时必须要确认解救出的人质是不是其本人。在人质数量较多时，当场确认的难度较大，通常是在到达迎接地点后，或者完全撤离后再确认。需要强调的是，有时候敌方人员会装扮成人质混进人质内部，因此不能放松警惕。假如躲藏在人质中的敌人搞破坏，那么很有可能使整个作战以失败而告终。

参 考 文 献

[1] 胡兆才，费志杰，等. 外国特种部队揭秘 [M]. 上海：上海人民出版社，2019.

[2] 马蒂逊，加特利. 海豹突击队 [M]. 赵峰，林爽喆，译. 长沙：湖南人民出版社，2014.

[3] 陈海涛. 世界王牌特种部队 [M]. 南京：江苏人民出版社，2013.

[4] 瑞安，等. 世界特种部队训练技能和装备 [M]. 马盛昌，译. 北京：中国市场出版社，2011.

[5] 宋立志. 特种部队武器装备揭秘 [M]. 北京：中央编译出版社，2007.

手枪与冲锋枪
鉴赏指南
（第2版）

步枪与机枪
鉴赏指南
（第2版）

海军陆战队武器
鉴赏指南
（珍藏版）

作战飞机
鉴赏指南
（珍藏版）

全球火炮
鉴赏指南
（第2版）

全球导弹
鉴赏
（珍藏版）

世界徽章
鉴赏指南
（第2版）

世界军服
鉴赏指南
（珍藏版）

军用辅助舰艇
鉴赏指南
（第2版）

军用辅助飞机
鉴赏指南
（第2版）

主战舰艇
鉴赏指南
（珍藏版）

航空母舰
鉴赏指南
（第2版）

民用飞机
鉴赏
（珍藏版）

军用车辆
鉴赏
（珍藏版）

航天器
鉴赏指南
（第2版）

反恐装备
鉴赏指南
（第2版）

世界武器鉴赏系列

现代舰船 鉴赏指南 第3版

现代飞机 鉴赏指南 第3版

现代战机 鉴赏指南 第3版

单兵武器 鉴赏指南 珍藏版 第3版

特种作战装备 鉴赏指南 第3版

世界名枪 鉴赏指南 第3版

坦克与装甲车 鉴赏 珍藏版 第3版

二战尖端武器 鉴赏

世界手枪 鉴赏指南 第2版

早期经典战机 鉴赏指南 珍藏版 第2版

美国海军武器 鉴赏指南 珍藏版 第2版

空战武器 鉴赏 珍藏版

陆战武器 鉴赏

无人装备 鉴赏 珍藏版

特殊武器 鉴赏指南 珍藏版 第2版

海战武器 鉴赏 珍藏版